녹파잡기

녹파잡기

조선 문화예술계
최고의 스타,
평양 기생 66명을
인터뷰하다

한재락 지음 · 신위 비평 · 안대회 옮김

Humanist

차례

19세기 평양 기생들의 삶과 예술

새로운 《녹파잡기》의 출현

평양 기생 예순여섯 명의 삶과 예술을 묘사한 《녹파잡기(綠波雜記)》가 세상에 알려진 지 벌써 십 년이 넘었다. 나는 2006년에 이 독특한 저술을 발굴하여 〈평양기생의 인생을 묘사한 小品書 綠波雜記 연구〉(《한문학보》 14호)라는 제목으로 발표해 그 내용을 본격적으로 소개했다. 언론에도 그 내용이 널리 보도되어 큰 관심을 불러일으켰다.

당시 나는 번역을 거의 끝마친 상태였으나 한 가지 난관에 부딪혀 출간을 서두르지 못하고 있었다. 원본이 없어 복사물을 저본으로 삼아 연구하고 번역했는데 그 상태가 좋지 않아 본문에 달려 있는 깨알 같은 글씨의 비평을 읽어낼 수 없었던 것이다. 비평을 번역하기 위해서는 원본을 꼭 확인해야 했지만 안타깝게도 찾지 못했다.

그러던 차에 다른 번역자가 책을 출간했는데 위에서 말한 문제점은 전혀 해결하지 않은 상태였다. 분량은 적어도 이 책은 이백 년 전 평양 지역의 기생과 예술, 풍속과 문화를 깊이 있게 다루고 있다. 당연히 꼼꼼하고 세심하게 연구하여 번역해야 제대로 가치가 드러나는 저술이다.

나는 서두르지 않고 천천히 《녹파잡기》를 보충해줄 자료를 찾았고, 찾는 대로 번역문을 보완하여 채워 넣었다. 그러나 여전히 원본을 찾지 못해 비평에는 손을 대지 못하고 있었다. 그렇게 십 년이 흘렀다.

그런데 올해 서울의 한 고서점에서 《녹파잡기》 원본을 가장 정확하게 필사한 선본을 손에 넣게 되었다. 기묘한 인연이란 느낌이 엄습했다. 보는 순간 이백 년쯤 된 옛 물건으로서 뒷사람의 손길을 타지 않고 완벽하게 보존된 책임을 알 수 있었다. 또 장정도 두루마리 식으로 길게 이은 종이를 옆으로 적당한 폭으로 병풍처럼 접고 그 앞과 뒤에 따로 표지를 붙인 절첩본(折帖本)이었다. 처음부터 끝까지 정교하게 필사되었고, 상단 난외(欄外)에 깨알 같은 글씨로 비평이 달려 있었다.

십 년 전부터 그렇게 찾던 비평임이 너무나도 분명했다. 예전에 저본으로 삼았던 복사물의 원본이 아니라 전혀 새롭게 출현한 책으로서 앞서 확인한 두 종의 이본보다 월등하게 우수한 선본이었다. 황홀한 기분으로 예전 원고를 다시 들추어내서 이 책을 저본으로 삼아 텍스트를 교감하여 원전을 확정하고, 비평까지 모두 번역한 다음, 원고를 수정하여 드디어 출간하게 되었다.

《녹파잡기》는 1820년대 평양 기생들을 찾아 조사한 일종의 르포이다. 전국 기생 집단에서 가장 높은 수준인 평양 기생, 그중에서도 가장 뛰어난 기생만을 골라서 저자가 일일이 만나 대화를 나누고 춤과 노래, 연주를 감상한 뒤 한 사람 한 사람에 대해 평가를 내렸다. 이렇게 생생하게 기생의 용모와 재능, 생활, 사랑, 애환 등 밝고 어두운 구석구석을 시적으로 묘사한 저술은 없다. 현대로 치자면 연예계 최고의 스타만을 골라 인터뷰하고 평가한 책에 견주어볼 만하다. 조선시대 기생의 삶과 문화를 시적이고 정감이 넘치는 문체로 써서 현대인에게 생생하게 전해주는 더할 나위 없이 독특한 문학서이자 훌륭한 안내서이다. 이 분야에서는 거의 유일한 단행본 저술이라고 할 수 있다.

저자 한재락

이제 책의 저자를 한번 살펴보자. 저자는 한재락(韓在洛)으로 자(字)는 정원(鼎元), 호는 우천(藕泉)·우방(藕舫)·우화노인(藕花老人)이다. 호를 우노인(藕老人) 또는 우인(藕人)으로 줄여 쓰기도 한다. 그리고 우(藕)는 우(漑)로 쓰기도 한다. 그는 개성 사람으로 정확한 생몰 연대는 확인되지 않으나 형들의 나이로 추정할 때, 대략 1780년 이전에 출생했을 것이다. 부친은 한석호(韓錫祜)이고, 큰형은 한재수(韓在洙), 작은형은 《고려고도징(高麗古都徵)》을 쓴 한재렴(韓在濂, 1775~1818)이다.

집안은 개성에서 큰 인삼밭을 경영하는 손꼽히는 갑부였다. 조부인 한대훈(韓大勳)은 장서 수만 권을 구입하여 집안 서가에 꽂아놓고는 "내 자손 가운데 반드시 문장에 능한 자가 나타날 것이다."라고 말했다. 재력과 학문, 인맥에서 그의 집안은 개성의 손꼽히는 명문가로 행세했다. 명망은 부친과 한재락 형제 및 손자 3대의 문집을 엮은 《서원가고(西原家稿)》가 구한말에 간행된 사실에서도 알 수 있다.

한재락의 아버지와 형제들은 막대한 부를 쏟아 한양의 서대문 밖에 저택을 세우고 1만 권의 장서를 비치하여 명사들과 교유했다. 저택 옆에는 못을 파서 연꽃을 심었다. 저택의 이름은 우화당(藕花堂)이라 했다. 형제들의 아호가 모두 우(藕)와 관련을 맺은 이유는 저택과 못 때문이다. 그들이 교유한 명사는 박지원(朴趾源)과 이가환(李家煥), 이학규(李學逵), 유득공(柳得恭), 박제가(朴齊家), 신위(申緯) 등이었다. 모두 시대를 앞서가며 참신한 문예를 추구한 저명한 문인이다.

형제들 가운데 명망이 가장 높은 이는 둘째인 한재렴이었다. 한재락은 형과 친분이 두터운 명사들을 자연스럽게 알고 지냈는데, 특히 가깝게 지낸 문인이 바로 자하(紫霞) 신위(1769~1845)였다. 신위는 당대는 물론이고 조선왕조 전체를 통틀어 최고의 시인이라는 평가를 받았다. 그런 신위와 한재락은 가깝게 지내며 함께 창작을 했다. 나이는 한재락이 열 살 정도 아래였다. 그들은 신위가 주도하는 문예 모임에서 자주 만났는데, 신위의 시집 《경수당전고(警修堂全藁)》에는 친분을 밝혀주는 증거가 적지 않다. 신위의 시집을 보면, 한재락은 과거 시험에 낙방한 불우한 시인, 호고(好古) 취미와 문방구 취미를 가진 부잣집 도련님, 산뜻하고 염려한 시를 잘 짓는 시인의 모습을 하고 있다. 다음은 신위가 한재락을 묘사한 시의 앞 대목이다.

우천은 제원 한재렴의 어진 아우라 　　　　藕泉霽翁之賢弟
우천은 시를 짓되 본보기를 높이 잡았네.　　藕泉作詩師法尊

우천은 나를 제원의 벗이라 여겨	藕泉謂我霽翁友
때때로 술병 들고 산거를 찾아오네.	時時載酒過山門
한유와 두보의 정수를 얻어 시 맛이 길고	髓叩韓杜味雋永
소식과 백거이를 담아내어 향내가 짙네.	袖來蘇白香濃薰
담박하되 마르지 않고 질박하되 촌스럽지 않아	淡而不枯質不野
시대를 거슬러 도연명의 세계로 올라가네.	可以上溯陶徵君[1]

한재락은 술병을 들고 신위를 자주 찾아왔는데 창작을 향한 의지가 다부지다. 안목이 매우 높아 시 맛은 유장하고 향기가 짙다. 한재락의 시는 한마디로 평하면 "담박하되 마르지 않고 질박하되 촌스럽지 않다."라고 할 수 있다. 신위가 내린 이 평은 마치 《녹파잡기》의 문체를 설명하는 것과도 같다. 다음의 시는 《녹파잡기》를 저술하고 오 년여가 지난 뒤 홀연히 자취를 감추었다가 사 년여 만인 1838년에 나타난 한재락과 재회하게 된 기쁨을 표현하고 있다.

한 몸이 늙어가니 갈수록 황당해져	一身垂老轉荒唐
죽었는지 살았는지 헤아릴 길이 없었지.	成佛生天未可量
기생들에 푹 빠져서 백발도 잊었더니	紅粉殢人忘鬢白
오건에 먼지 뒤집어쓴 채 영남을 떠돌았네.	烏巾入洛抗塵黃
유리 같은 시경(詩境)을 깨우쳐 산색을 읊고	琉璃境悟吟山色

---

1 신위, 《경수당전고》 제8책, 〈동지에 서릉에서 돌아와 우천과 명준이 함께 방옹의 운을 써서 시를 지은 것을 보았는데 네 편이 모두 아름다웠다. 바로 그 운으로 두 수를 짓는다(冬至自西陵還, 見藕泉 與命準同拈放翁韻. 四詩皆佳, 卽用其韻二首)〉 제2수.

바닷가를 지나가다 물빛 수석 주워 왔네.	彈子渦經拾海光
이렇듯이 세상 밖을 떠도는 선비 있으니	如此遊方之外士
향기로운 성명을 누구와 함께 전하려나.	與誰同傳姓名香[2]

 한재락은《녹파잡기》를 완성한 후 홀연히 자취를 감춘 동안 영남 지역을 방랑하며 시를 짓고 수석을 수집했다. 그의 남은 작품들은 대부분 영남을 여행하며 지은 시들이다. 마음 붙일 곳을 잃고서 한양으로, 호서로, 영남으로, 평양으로 떠도는 50대 이후 한재락의 처지를 읽을 수 있다.

 신위 등이 쓴 글을 통해 볼 때, 한재락은 개성 갑부의 후예이자 학문과 예술에 교양이 풍부한 사대부 문인이었다. 반면에 개성 출신을 철저히 배척하는 조선 사회에서는 소수자로서 차별에 좌절할 수밖에 없는 처지였다. 어쩔 도리 없이 자신이 소유한 부와 예술적 안목, 넓은 인맥과 글 쓰는 재능을 소비하며 인생을 즐기는 자오(自娛)의 세계로 빠져들었다. 어디에 묶이거나 의무를 질 것이 없기에 전국의 명승지를 찾고, 경화세족 문사들과 어울려 시회를 열고, 평양 등지의 기방을 드나들며 멋과 풍류를 즐겼다. 한재락은 18세기 후반과 19세기 전반 시기에 도회지 소비문화와 예술 세계를 거침없이 향유하고 묘사한 인물을 대표한다.《녹파잡기》는 그와 같은 도회지 문인의 인생과 감각을 발산하는 저술이다.

---

2 신위, 위의 책 제25책,〈우인이 살아 돌아온 것을 기뻐하여 당이의 운으로 시를 써서 증정한다(喜滿人生還, 用書唐二韻爲贈)〉.

저술의 동기와 과정

《녹파잡기》는 1829년 즈음에 완성되었다. 완성된 때를 명확하게 밝힌 기술(記述)이 없어서 관련한 자료를 되짚어 확인해본다. 이상적(李尙迪, 1804~1865)은 《녹파잡기》〈서(序)〉를 1833년 11월에 썼다. 그에 앞서 1832년 9월 16일 밤 신위의 벽로음방(碧蘆吟舫)에서 당대의 내로라하는 문인들이 많이 모여 시를 썼는데, 그 자리에 한재락도 끼어 있어서 그가 《녹파잡기》를 쓴 사실을 시의 내용 가운데 밝혀두었다. 그때로부터 이 년 전인 1830년 봄에 신위는 《녹파잡기》에 붙이는 〈제사(題辭)〉를 여덟 수 지었다. 이 〈제사〉는 《강도록(江都錄)》 권2에 실려 있는데, 이 작품집은 신위가 강화 유수로 재직하던 1829년 9월부터 1830년 4월까지 8개월 동안 쓴 시를 모은 것이다. 작품이 실린 순서로 보아 아무리 늦어도 1830년 봄에는 〈제사〉를 지었으므로 그 이전에 저자에게서 책을 받았을 것이다. 책을 읽고 여덟 수의 〈제사〉를 쓰는 데 걸리는 시간 등을 고려하면 늦추어 잡아도 1829년 연말에는 《녹파잡기》가 완성되어 있어야 한다. 그때 저자의 나이는 쉰 살 전후였다. 그 무렵 신위는 한재락을 노인이라 부르고 있으므로 쉰 살 나이에 잘 부합한다.

그렇다면 그 나이에 《녹파잡기》를 저술한 동기나 배경이 궁금하다. 한재락은 나이가 들수록 뚜렷하게 이룬 것 없는 자신의 처지에 좌절감을 크게 느꼈다. 그리고 부조리한 세상을 향한 분노와 절망, 울울하고 서글픈 심경을 기방을 탐방하고 명승지를 여행하는 것으로 풀어냈다. 문학적 재능으로 그 체험을 기록하여 존재감을 드러내고자 했던 것이다. 그런 그를 두고 신위는 "풍정은 늙어갈수록 처량

하고 삭막해져, 강남의 유경정(柳敬亭)인 양 애간장이 끊어지네.'라
고 했고, 강설(絳雪)은 "고목이나 식은 재처럼 현세에 덤덤한 이가,
무엇 하러 이 글을 지었냐고 묻고 싶노라."라고 되물었다. 현세를 향
한 욕망도 꿈도 상실하고, 또 젊은 시절 왕성하게 풍류를 즐기던 마
음도 식어서 인생의 서글픔이 밀려오는 늙은 처지에 책을 지었다는
취지로 저술의 동기를 해석했다.

　동기를 더 분명한 말로 표현한 이는 이상적이다. 이상적은 앞서
언급한 시에서 《녹파잡기》를 언급하면서 "그 누가 대동강 푸른 물에
서 기녀를 다룬 책을 썼던가? 곤궁한 수심에 화려한 습관을 다 버리
지 못했구나!"라고 말했다. 여기서 곤궁한 수심은 가난을 뜻하지 않
는다. 재능이 있음에도 과거에 낙방하고 뜻을 크게 펴지 못하는 개
성 출신 문인의 좌절감을 뜻한다. 그가 좌절감을 극복한 방향은 아
이러니하게도 기생의 화려한 세계를 묘사한 것이라고 이상적은 해
석했다. 평소 "고해의 세상에 파묻혀 살면서도, 환락의 자리에서는
질탕하게 즐긴" 한재락이기에 기방은 각종 가무와 연희를 즐기며 울
분과 좌절을 삭이는 그만의 해방구였다. 또한 현세에 상처 받은 늙
은 문인을 위로하고 보듬는 공간이었다.

　지인 여럿이 말한 것처럼 한재락은 평소 기방을 자주 출입하며 풍
류를 즐긴 인물이었다. 한마디로 한량(閑良) 중의 한량이었다. 《녹
파잡기》에서 평양이나 개성, 한양의 기방을 언급한 내용은 남들에
게 얻어들은 정보라기보다는 대부분 직접 체험한 생생한 정보이다.
그 가운데 나섬(羅纖)이란 기생을 찾아가면서 회상하는 대목을 보면
"예전에 나는 송도의 자남산(子男山) 아래에 있는 초당(草堂)에서 그
녀를 만난 적이 있다. 봄날 술은 찰랑찰랑거렸고, 섬세한 노랫가락

은 간들간들 이어졌다. 그로부터 벌써 십여 년의 세월이 훌쩍 지나 갔구나. 이제 다시 찾아왔건만 그녀는 벌써 손님을 사절했다."라고 썼다. 십여 년 전 개성의 초당으로 기생을 불러 술자리를 벌이고 놀았다는 회상 장면에 풍류남아 한량의 평상시 생활이 엿보인다. 이 대목에 신위가 "지난날의 풍류를 살짝 드러내는 글솜씨다."라고 비평을 가했다. 이상적이 '환락의 자리에서는 질탕하게 즐긴' 한량이었다고 한재락을 평한 말이 허튼소리가 아님을 알 수 있다.

이처럼 기방은 한재락의 전문 영역이었다. 기생과 음악, 연희 등 현대 공연 예술의 영역에 속할 분야에 그는 풍부한 경험과 월등한 안목, 진지한 관심을 가지고 있었다. 또한 매력적인 가치를 지닌 평양 기생이란 주제를 아름다운 언어로 풀어낼 수 있는 필력까지 소유하고 있었다. 비천한 신분의 기생들이 겉으로는 천박하거나 화려하지만 겉모습을 걷어내면 그 이면에는 아름다운 슬픔이 도사리고 있음을 포착했다. 그는 부귀한 자들의 노리개로 상품화된 기생들에게 오히려 진정한 인간다움이 구현되어 있음을 보여주고자 했다. 남들은 주목하지 못한 기생의 진정성을 그는 누구보다 잘 이해하고 있었다.

하지만 좋은 조건을 두루 갖춘 작가라 해도 그 당시 기생을 주제로 책을 쓰는 것이 쉽지 않았다. 바로 금기 때문이다. 기생을 다룬 시를 몇 편 쓰거나 기생과 시를 주고받거나 기생과 사랑을 나누는 것까지는 허용되었다. 하지만 책이라면 그것은 차원이 다른 문제다. 일반 선비라면 누가 감히 이런 책을 염두에 둘 수 있었을까? 하지만 한재락은 과감하게 《녹파잡기》를 썼고, 그 이전도 그 이후도 이와 같은 책은 다시 나오지 않았다.

책명과 구성

《녹파잡기》에서 녹파(綠波)는 푸른 물로, 평양의 대동강 물을 특정한 말이다. 저 유명한 정지상(鄭知常, ?~1135)의 시 〈임을 보내며(送人)〉에 나온다. 정지상은 고려 인종 때의 평양 출신 시인이다. 그는 평양을 상징하는 시인이고, 그의 모든 시는 평양의 독특한 풍물을 대변한다. 시는 다음과 같다.

비가 갠 강둑에는 풀빛이 짙어가고	雨歇長堤草色多
남포에서 임 보내니 슬픈 노래 절로 나오네.	送君南浦動悲歌
대동강 저 물은 어느 때나 마르려나?	大同江水何時盡
이별 눈물 해마다 푸른 물에 더해지니.	別淚年年添綠波

시는 임과 이별한 평양 여인의 슬픔을 노래하고 있다. 천고의 절창이라는 이 시의 마지막 어휘인 푸른 물(綠波)이 책의 이름이 된 것인데 여기에는 평양 기생이란 의미가 담겨 있다. 잡기(雜記)는 잡다한 사실을 기록한다는 뜻인데, 실제로는 《판교잡기(板橋雜記)》란 책에서 이름을 가져왔다. 이 책은 중국 명(明)나라 말엽과 청(淸)나라 초엽에 살았던 문인 여회(余懷, 1616~1696)가 1693년에 남경(南京) 기녀들의 화려한 생활상을 묘사한 저서이다. 판교는 남경의 진회하(秦淮河) 남쪽에 있던 장판교(長板橋)의 줄임말로 그 주변에 구원(舊院)이라 불리는 청루(靑樓)가 번창했다. 명나라가 망하고 청나라가 들어선 혼란기를 배경으로 망국 유민(遺民)의 비감하고 낙담한 정서를 기방의 화려한 세계와 대비하여 표현한 명저이다. 판교가 남경

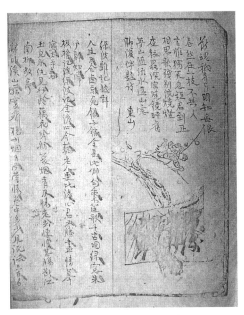

삼산본 《녹파잡기》 흑백 복사본, 1842년 필사, 단국대학교 도서관 소장
'삼산이수당(三山二水堂) 정정(訂正)' '임인등본(壬寅謄本)'. 오른쪽에는 명나라 초엽의 저명한 시인 고
계(高啓, 1336~1373)의 칠언율시 《매화(梅花)》를 필사하고 매화도를 그려 넣었다. 왼쪽에는 신위의
《녹파잡기》 《제사》를 필사했다.

기녀의 삶을 상징하는 장소이듯이, 녹파는 평양 기녀들의 삶을 상징
한다. 자연히 '녹파잡기'는 평양 기생의 사랑과 이별을 포함하여 숱
한 사연을 기록한다는 의미를 담고 있다.

한편 삼산본에는 속표지에 '녹파잡기(綠波雜記)', 겉표지에 '화오청
화(花塢淸話)'라고 제목을 썼다. 옛 글자로 '화오청화(蘤塢凊舙)'라 쓴
책 이름은 꽃핀 언덕의 맑은 이야기란 의미인데, 실제로는 '녹파잡기'
와 뜻이 크게 다르지 않다. 여기서 화오(花塢)는 정지상의 시 〈술에
취해(醉後)〉에서 가져왔다.

복사꽃은 붉게 지고 새들은 재잘재잘	桃花紅雨鳥喃喃
집을 두른 푸른 산은 여기저기 아지랑이.	繞屋靑山開翠嵐
오사모는 삐뚜름히 귀찮아서 그냥 쓰고	一頂烏紗慵不整
꽃핀 언덕에 취해 누워 강남을 꿈꾸노라.	醉眠花塢夢江南

　마지막 구의 세 번째와 네 번째 글자를 보면 화오(花塢)임을 알 수 있다. 〈임을 보내며〉에서 '녹파'를 가져온 것처럼, 필사자가 평양의 호사스러운 풍경을 묘사한 〈술에 취해〉에서 '화오'를 빌려다가 평양을 상징한 것이다. 이것은 흥미로운 작명법으로 '녹파잡기'와 절묘하게 짝을 이룬다.

　《녹파잡기》에는 맨 앞에 이상적이 지은 〈서〉가 실려 있다. 다음에는 한재락이 지은 본문 권1과 권2, 신위의 〈제사〉 여덟 수, 강설의 〈제시(題詩)〉 한 수가 차례로 실려 있다. 강설은 저명한 화가이자 문인인 조희룡(趙熙龍, 1789~1866)으로 추정한다. 〈서〉와 본문의 상단에는 많은 양의 비평이 달려 있다.

　〈서〉는 책이 완성된 지 사 년 뒤인 1833년 11월에 역관이자 뛰어난 시인인 이상적이 썼다. 이상적은 저자와 나이 차가 스무 살 정도 나는 신예의 청년 작가로 신위의 문예 그룹에서 함께 활동했기에 친분이 있었다. 왕성한 창작욕을 보이던 서른 살의 이상적은 변려문으로 작심하고 〈서〉를 썼다. 본래 변려문에 깊은 관심을 둔 작가인데다 기녀의 화려한 세계를 다룬 주제이므로 이 문체를 선택한 것으로 보인다. 한 구절 한 구절에 전고를 써서 맥락을 따라가기가 쉽지 않으나 대단히 뛰어난 문장으로 그의 대표작이다.

　본문의 권1에서는 평양 기생 예순여섯 명을 차례로 묘사했고, 권

2에서는 평양 기방의 명사 다섯 명을 묘사했다. 본문 다음에 수록한 신위의 〈제사〉는 칠언절구 여덟 수로 앞서 말한 대로 1830년 봄에 지었다. 앞에 실린 세 수는 저자와 저술의 성격을 설명했고, 나머지 다섯 수는 《녹파잡기》에 수록된 기생을 보는 자신의 견해와 감상을 표현했다. 마지막으로 강설이 지은 〈제시〉는 칠언절구 한 수로 《녹파잡기》의 창작 의도를 밝혔다.

　《녹파잡기》에 글을 써준 신위와 이상적, 조희룡 세 사람은 19세기 문단과 화단에서 대단한 명망을 지닌 작가들이다. 그들이 이 책에 글을 썼다는 것은 이 저술의 가치를 당시의 관점에서 크게 인정한 셈이고 책의 취지와 성격, 가치를 설명한 부분은 우리가 이 책을 볼 때 크게 참고할 만하다.

평양 기생의 세계

이제 《녹파잡기》에서 묘사한 평양 기생의 세계를 간단하게 살펴보자. 한재락은 기생의 용모와 자태, 성격, 특징 등을 형용사와 부사를 적절하게 써서 묘사했다. 근대 이전의 문학작품 가운데 가장 섬세하고도 감각적인 묘사를 한 손꼽히는 우수작이라 인정할 만하다. 실례로 봉혜(鳳兮)와 영주선(瀛洲仙)을 묘사한 글을 먼저 읽어본다.

　봉혜(鳳兮)는 짙은 화장기를 모조리 지워 없애고 씩씩하게 대
　장부의 기상을 지니고 있다.

영주선(瀛洲仙)은 가는 눈썹에 도톰한 뺨을 하고, 담박한 말투에 은근한 미소가 일품이다. 봄날 난간에 기대어 서글픈 표정으로 먼 곳을 바라보면 마치 누군가를 그리워하는 듯하다.

두 명의 기생을 묘사한 위의 글은 가장 짧은 편에 속한다. 생김새와 말투, 미소를 묘사하고는 인상적인 자태를 보여주는 한 장면을 제시할 뿐 다른 정보가 전혀 없다. 하지만 짧은 묘사 안에 오로지 그녀만의 특징과 기질을 독자의 눈앞에 보여주어 강렬한 인상을 남긴다. 봉혜는 일반 기생과는 크게 구별되는 캐릭터이다. 화장을 일절 하지 않고 남자처럼 씩씩하고 활달하다. 평양 기방을 주름잡는 예순여섯 명의 기생 가운데 오로지 봉혜만이 지닌 개성이다. 여성성이 두드러진 기생들을 만나다가 남성성이 돋보이는 봉혜를 만나게 되면 뜻밖의 신선한 느낌을 받는다.

영주선은 봉혜와 반대되는 캐릭터이다. 여성스럽고 우수에 찬 표정과 태도가 보는 이의 마음을 움직인다. 신위는 그 묘사를 두고 "뜻이 있는 듯 없는 듯한 사이에서 정을 묘사했으니 살아 있는 그림이다."라고 평했다. 연모의 대상이 있는지 없는지는 알 수 없으나 누군가를 그리워하는 듯한 표정의 여인을 그림처럼 생생하게 묘사하여 보는 이의 마음을 움직이게 했다는 취지다. 한재락의 기생 묘사는 그처럼 생동감이 있다.

조선 사회는 인물의 용모와 특징을 묘사하고 평가하는 대상을 사대부에 한정해왔다. 이른바 품제(品題)는 고관이나 무인, 학자, 문인, 예술가 등 사회에서 가치가 있다고 여기는 신분과 직업의 인물에 한정하고 그들의 됨됨이에 등급을 나누고 개성을 평가했다. 그와 같은 품제의 대상에서 흔히 기생을 제외했으나 한재락은 본격적으로 그들만을 따로 모아 평가 대상으로 끌어들였다. 이는 매우 신선한 시도이다.

한재락이 묘사한 평양 기생은 몇 가지 범주로 나누어진다. 그 범주에 색정으로 도발하거나 고객의 금전을 노리는 속물적 기생은 선택받지 못했다. 그는 천박하지 않은 품성과 아름다운 미모를 지닌 기생, 자부심을 갖고 고결한 정신을 소유한 기생 위주로 선택했다. 위의 봉혜나 영주선도 여기에 속한다. 나섬과 같은 기생은 "뜻이 도도하여 자중자애했다. 아름답고도 준수한 남자라면 비록 모자나 옷차림이 해어졌어도 하룻저녁 사이에 정을 붙이지만, 악착같고 천박한 사내라면 아무리 화대를 백 꿰미나 줄지라도 눈길을 주지 않았다."라고 묘사했다. 금전에 몸을 맡기지 않고 도도한 자존심을 지키는 기생을 높이 평가한 것이다. 전체적으로 평양의 일급 기생이 발산하는 우아하고 아름다운 태도와 멋을 부각시켰다.

다음으로 《녹파잡기》에서는 시와 글씨와 그림을 감상하고 창작할 줄 아는 지성을 갖춘 기생을 특별히 선호했다. 당시 평양 기방에는 사대부와 시(詩)·서(書)·화(畵)를 주고받을 수 있는 학식을 갖춘 기생의 수가 늘어났다. 신위가 비평에서 '진홍과 소미의 풍모'라고 말한 일군의 기생들이다. 영희(英姬)나 죽향(竹香), 진홍(眞紅), 채봉(彩鳳), 명애(明愛) 등이 그 부류에 속한다. 56쪽에 나오는 영희를 일례로 들어본다.

영희(英姬)는 자가 소미(小眉)이고, 호가 쌍희관(雙喜舘)이다. 우아하고 차분하며 단정하고 소박하다. 또한 따뜻하고 고아하며 총명하고 민활하다. 사람됨은 국화꽃처럼 담박하고, 재주는 비단처럼 뛰어나다. 노래와 춤을 잘하면서도 아무것도 잘하지 못하는 듯이 다소곳하다. 난초를 즐겨 그리는 성품으로, 마른 잎과 성근 꽃을 그린 그림은 필묵이 수려하고 윤기가 흘러 옛사람의 필의(筆意)를 깊이 터득한 듯하다. 거처하는 방에는 담황색 발을 치고 무늬목 서안(書案)을 놓았다. 자기와 완상품 및 서화를 진열해놓고 온종일 향을 사르며 단정히 앉아 있다. 방문 앞을 지나가도 안에 아무도 없는 듯 적막하다. 훗날에 태어난 빼어나고 수려한 여인이다.

영희는 노래와 춤을 잘하기도 하지만, 그녀의 멋은 난초를 잘 그리는 서화가의 재능과 서화를 즐기는 지성미에 있다. 일반 기생과는 차원이 다른 멋이다. 그녀는 대나무를 잘 그리는 죽향과 함께 평양 기방의 서화가로 유명했다. 신위는 영희가 "이 책에서 첫 번째 가는 여인이다."라고 극찬했다. 또 신광현(申光顯)이란 문인은 1840년 전후에 '패련영향(浿輦英香, 평양 미인 영희와 죽향)'이라는 관지(款識)가 적힌 그림을 보고 감탄하기도 했다. 사대부들은 미모와 지성을 갖춘 기생들을 특별히 선호하고 그녀들과 시를 주고받는 멋을 즐겼다. 한재락 역시 지성과 미모를 갖춘 기생에게 특별한 관심을 기울였는데, 그런 기생은 매우 수준이 높은 예술성을 자랑하는 인물로 미술사에서 정당한 평가를 받을 만하다. 더 구체적인 사실은 다음 항목에서 자세하게 논했으므로 여기에서는 줄인다.

세 번째로는 기예가 출중한 기생들이다. 노래와 악기 연주, 춤과 시창(詩唱), 바둑과 골패(骨牌) 등 기예에서 출중한 실력을 지닌 기생을 대거 소개했다.《녹파잡기》에서 다룬 기생 대부분은 용모는 용모대로 아름답지만 저마다 비범한 장기를 가지고 있다. 평양 기방에서 명성이 높은 기생들을 다루었으므로 실제로는 전국적인 명성을 지녔다고 봐도 좋을 것이다. 그들 가운데 일부가 개성이나 한양으로 진출하여 큰 환영을 받았다고 한 것을 보면 알 수 있다.

한편 인상적인 기생의 하나로 경패(瓊貝)를 꼽을 수 있다. 최고의 기생이 되려고 노력하는 그녀의 모습은 매우 인상 깊다.

경패(瓊貝)의 첫 이름은 금선(錦仙)이다. 풍모와 자태가 화사하고 우아하다. 열 살 때부터 노래를 잘 불러 마치 새끼 꾀꼬리가 재잘대는 듯했다. 호리호리한 몸을 일으켜 춤을 추고 나풀나풀 좋아하면서 악사를 돌아보고 "제 춤이 가락에 맞아요?"라며 물었다.

그녀는 열세 살 때 스스로 분발하여 말했다.

"내 고장이 큰 도회지이기는 하지만 견문을 넓히지 않는다면 끝내는 촌스러움을 면치 못할 거야. 그래서야 어떻게 한세상을 압도할 수 있겠어?"

드디어 언니와 함께 경성에 들어가서 한 시대의 뛰어난 기생들을 마음껏 구경하고 이원(梨園)에서 새로 창작한 많은 곡을 모사하여 익혔다. 돌아가는 길에는 송도를 들러서 풍류를 아는 시인들과 함께 천마산에 오르고 박연폭포도 구경하여 흥금과 안목을 장쾌하게 넓혔다. 평양에 돌아오자 노래와 춤 솜씨가 크게 진보하여 명성이 대단히 자자했다.

평양 제일의 가무를 자랑하는 경패가 가무를 학습하는 과정을 보여준다. 또 한 명의 기생은 패성춘(浿城春)이다.

　패성춘(浿城春)은 스무 살 전후의 아리땁고 멋진 기녀로 부용꽃이 막 핀 듯 향기로운 기운이 온 좌중을 뒤덮는다. 내가 비자전동(篦子纏洞)에 있는 그녀를 찾아갔을 때는 마침 달이 환한 밤이었다. 주렴을 걷고 들어가니 그녀는 물끄러미 앞을 보고 단정하게 앉은 채 하늘 높이 뜬 구름처럼 미동도 하지 않았다. 잠시 뒤 현악기와 관악기가 번갈아 울리고 청아한 노래가 대들보를 싸고 울렸다. 그날 그 자리에는 최원경(崔元卿)의 노래, 홍한조(洪漢祚)의 요고(腰鼓), 김자열(金子烈)의 피리, 박을축(朴乙丑)의 퉁소, 김창렬(金昌烈)의 거문고가 함께 있었다. 모두 음악으로 관서 지방에서 독보적인 명성을 누리는 악사들로서 한 시대 최고들이 모인 자리였다.

근대 이전 실내악 연주 장면 가운데 가장 아름다운 장면일 것이다. 스무 살 전후의 한 기생이 당대 최고의 악사들을 대동하고 적막 속에 노래를 시작하는 장면은 숨 막히는 감동을 준다. 온 좌중을 압도하는 가객의 모습을 시적으로 묘사했다. 여기에서는 독보적인 악사들의 명단이 대거 등장하는데 다른 문헌에서는 전혀 보이지 않는 내용이다.

이 책에는 당대 평양을 중심으로 한 서도소리의 중요한 사실들이 상당히 많이 보이므로 음악사에서도 크게 주목할 필요가 있다. 〈제갈가(諸葛歌)〉를 비롯한 다수의 곡명이 소개되고 있고, 평양의 서시

　녹파잡기

원(西施院) 지역에서 유행한 서수원창(西水院唱)과 홍산주(洪山柱)의 호접창(蝴蝶唱)이 소개되고 있는데, 이 역시 다른 문헌에서는 전혀 보이지 않는다. 평양 지역의 서도소리가 지닌 위상을 고려하면 평양 기생과 그 지역 기방을 중심으로 불리던 다양한 음악 현상을 이 책의 기록을 토대로 재검토해볼 필요가 있다.

그 밖에도 의로운 협객의 모습을 보인 기생, 호방한 풍모를 지닌 기생, 차앵(次鶯)처럼 사치는커녕 검소한 생활을 하며 남을 돕는 데 앞장선 기생 등 다양한 기생의 모습을 고루 소개했다. 평양 기방이 다방면의 재능을 지닌 기생들로 구성되었음을 보여준다.

한편, 권2에는 기방 주변에서 명성을 떨친 남성을 소개했다. 서예가 조광진(曺光振), 작곡가 겸 시인 홍산주, 조방꾼 안일개(安一箇)와 최염아(崔豔兒), 구기(口技) 명인 윤활(尹㖚) 등 한 사람 한 사람이 19세기 전반기 평양의 예술과 사회상을 깊고 넓게 보여주는 중요한 인물이다.

《녹파잡기》에 수록된 일흔한 명의 인물은 한재락이 선택하여 그의 관점과 문체로 묘사했기에 그의 주관이 짙게 투영되어 있다. 그렇더라도 평양 기방의 중요한 핵심과 두드러진 현상을 공평하게 보려는 시각을 놓치지 않았다. 당시의 객관적 평가를 왜곡하여 그만의 삐딱한 시선으로 본 것은 결코 아니다. 이 책에 수록된 기생과 남성들이 동시대 다른 문인들의 기록에 상당수 다시 등장하므로 그 점을 인정할 수 있다. 다른 여러 문헌을 발굴하여 여러 기생이 그 시대에 얼마나 많은 인기를 누리고 큰 족적을 남겼는지 소개했으니 독자들은 참고하기 바란다.

자하 신위의 비평

이 책에서 눈여겨보아야 할 또 다른 글은 비평이다. 《녹파잡기》에는 본문 말고도 빈칸에 적힌 비평이 중요한 의미를 지닌다. 이상적의 〈서〉를 포함하여 본문 대부분에 짤막한 비평이 달려 있다. 글의 특정한 대목이나 글 전체에 평자의 감상과 의견, 평가를 촌철살인의 간명하고도 함축적인 말로 비평했다. 그 비평은 《녹파잡기》의 문장과 기생들의 삶을 보는 남다른 안목을 시적인 언어로 표현하여 그 자체가 문학작품이라 할 수 있다. 한재락의 글과 함께 보면 훨씬 더 풍부하고 흥미롭게 감상할 수 있다. 비평의 글은 저본과 삼산본에 달려 있으나 삼산본은 복사 상태가 좋지 않아 내용을 확인하기 어려워 그동안 활용되지 못했다. 반면에 저본은 완벽하게 읽어낼 수 있다.

그렇다면 과연 비평을 단 평자가 누구인지 의문이다. 다른 글들은 모두 작자가 밝혀져 있는데 비평을 단 사람은 밝혀져 있지 않다. 한재락 본인이 달지 않은 것은 굳이 말할 필요가 없다. 〈서〉를 쓴 이상적이나 〈제사〉를 쓴 신위, 〈제시〉를 쓴 조희룡, 그 밖에 또 다른 인물이 대상자가 된다. 다만 이상적은 불가능하다. 〈서〉를 쓰고 스스로 칭찬하는 비평을 달지는 못하기 때문이다. 나는 비평 전체를 번역하고 분석한 결과 〈제사〉를 쓴 신위가 비평을 달았음을 확신하게 되었다. 그 근거를 다음과 같이 밝히면서 아울러 그의 비평이 지닌 특징까지 함께 설명한다.

첫째, 비평 내용에 신위가 썼음을 밝히는 단서가 나온다. 74쪽에 진홍이란 기생이 나오는데 진홍에게 "육조(六朝) 때의 화장기를 지우고 삼당(三唐) 때의 고아한 운치로 바꿔놓아서 두타(頭陀)의 시 한

편을 그만두어도 헛되지 않겠네."란 비평을 달았다. 진홍이 보통 기생과 달리 당시(唐詩)를 즐기므로 자기 같은 시인은 시 한 편쯤 쓰지 않아도 되겠다는 유머 섞인 평이다. 여기서 자신을 두타라 지칭했는데, 이 말은 곧 승려를 뜻한다. 사대부가 자신을 두타라 쓰는 경우는 극히 드물다. 하지만 신위는 1827년 부인 조씨(曹氏)를 잃은 뒤 자호(自號)를 북선원 소낙엽 두타(北禪院掃落葉頭陀)라 지칭했다. 그로부터 삼 년 뒤인 1830년 봄에 《녹파잡기》〈제사〉를 짓고서 "북선원 소낙엽 두타 제(題)"라 밝힌 것을 보면 비평에서 두타라 한 표현 역시 신위를 가리키는 것이 틀림없다.

둘째, 비평에서 쓰는 독특한 어휘와 내용이 신위가 평소 작품에서 쓴 개성적인 표현과 부합한다. 위에서 예로 든 진홍에 대한 비평의 표현부터 다른 문인은 쓰지 않고 오로지 신위만이 시에서 자주 썼다. 예컨대 〈옥중에서 구일 시에 화답한 수경의 시를 얻다(獄中得繡卿和九日詩)〉에서 "삼당 때의 신비한 운치를 터득하고, 육조 때의 화장기를 사절했네(透三唐神韻, 謝六朝金粉)."라 했는데 표현이나 내용이 거의 동일하다. 그뿐만 아니라 신위가 지은 《녹파잡기》〈제사〉 제6수는 진홍의 개성을 부각시킨 시인데 거기서 "육조(六朝) 때의 화장기를 모조리 지웠으니(盡化六朝金粉氣)"라 하여 같은 표현이 등장한다. 〈제사〉와 비평이 관점뿐만 아니라 표현까지 똑같다. 〈제사〉와 비평을 동일인이 썼다는 분명한 증거이다.

셋째, 평양 기생을 보는 신위의 독특한 관점이 나타난다. 신위의 관점은 《녹파잡기》〈제사〉에 나타나 있는데 그것을 비평과 견주어 보면 관점에서 차이가 나지 않는다. 위에서 언급한 진홍을 높이 평가한 것이 한 가지 사례. 일반 기생과는 달리 진홍은 서화를 즐기는 일종의 학자적이고 예술가적 심미안을 지녔고, 평양 기방에 그런 변화의 바람이 불어오는 현실을 신위는 높이 평가했다. 그래서《녹파잡기》〈제사〉제6수에서 화장기를 지운 진홍과 소미를 칭찬했다. 여기서 소미는 56쪽에 등장하는 영희의 자이다. 신위는 서책을 좋아하는 76쪽의 채봉을 두고는 "진홍과 소미의 풍모를 들은 사람이다."라는 비평을 달았다. 신위가 비평한 '진홍과 소미의 풍모'란 기생이 화려한 가무와 술자리, 금전과 소비를 즐기는 향락 대신 사대부나 예술가의 세계를 이해하고 따르는 경향을 밀한다. 신위는 평양 기방에 불어온 이 변화의 바람을 포착하고 그것을 높이 평가했는데, 비평은 신위의 관점을 명확하게 보여준다. 한편, 다른 기생은 모두 이름을 부르면서 소미만은 〈제사〉와 비평에서 똑같이 자(字)를 썼는데, 이것은 〈제사〉와 비평을 한 사람이 썼다는 분명한 증거이다. 괴불(怪不)과 조눌인(曺訥人), 만장(萬丈)을 보는 관점도 〈제사〉와 비평이 동일하다.

이 밖에도 한재락을 우화노인, 우노인 등 노인이라 부른 호칭에서 근거를 찾을 수 있다. 신위는 평소 한재락을 노인이라 불렀다. 또 63쪽 섬양(纖孃)의 비평에서 '황하원상(黃河遠上)'이란 가곡창을 언급하고 있는데, 기생들이 즐겨 부른 이 노래를 신위는 평소 특별히 애호했다. 이 가곡창에 큰 의미를 부여한 사대부 작가는 오로지 신위밖에 없었다.

신위는 〈제사〉를 쓰고 삼 년 정도 지난 뒤에 이상적의 〈서〉를 보고 다시 비평을 달았다. 이상적이《녹파잡기》〈서〉를 1833년 11월에 썼으므로 신위가 비평을 단 시기는 1834년으로 추정한다.

신위와 같은 시단의 거장이 이 책에 비평을 달았다는 사실은 놀랍

기 그지없다. 그는 문학과 서화를 즐기는 기생에 깊은 관심을 표명
했고, 그들을 시 제자(詩弟子)로까지 받아들여 당시 사대부들에게 비
난을 받았다. 70쪽에 나오는 죽향이란 저명한 기생이 한양에 머물
때 그의 시 제자가 되려고 한 일도 있다. 신위는 이 책에 비평을 달
만한 적임자로 어울린다. 그가 《녹파잡기》에 〈제사〉를 붙이고 비평
을 단 사실은 19세기 시단과 여성의 문학 참여와 관련하여 크게 주
목할 만하다.

저본과 텍스트 비평

마지막으로 《녹파잡기》의 저본과 이본 등 문헌을 살펴보자. 저자가
필사한 원본은 현재까지 나타나지 않았고, 확인한 이본은 모두 3종
이 있다. 그중 역자가 소장하고 있는 것이 선본이다. 절첩본으로 앞
쪽 17면, 뒤쪽 17면, 모두 34면이다. 앞쪽 17면에 〈서〉와 권1이 필사
되어 있고, 뒤쪽 17면에 차례로 권2(3면)와 신위의 〈소악부(小樂府)〉
(7면), 〈제사〉(2면), 박제가의 〈성시전도(城市全圖)〉(4면)가 수록되어
있다. 이 사본에는 강설의 〈제시〉가 실려 있지 않다. 장황(裝潢)에 매
우 정성을 들여 고급스럽고, 중국에서 수입한 얇은 시전지를 사용하
여 매우 정성껏 필사했다. 처음부터 끝까지 한 사람의 필체로 흐트
러짐 없이 써서 단정하다. 필사한 사람이 누구인지를 명확하게 밝힐
근거가 없으나 원본이 완성된 뒤로부터 그리 멀지 않은 시기에 지인
이 필사한 것으로 추정한다.
　두 번째로는 단국대학교 도서관 연민장서에 소장된 복사본이다.

1970년대에 흑백으로 복사한 복사물로 상태가 좋지 않아 작은 글자는 흐릿해 잘 보이지 않는다. 원본은 현재 누가 소장하고 있는지 확인되지 않고, 역자 소장본처럼 절첩본으로 보인다. 전체 17장으로 한 사람이 썼다. 겉표지 제목은 옛 글자로 쓴 '화오청화(薦鵠淸驊)'이다. 속표지 제목을 '녹파잡기'라 쓴 오른쪽에 '삼산이수당(三山二水堂) 정정(訂正)'이라 필사자를 밝혔고, 왼쪽에 '임인등본(壬寅謄本)'이라 써서 필사한 때가 임인년(1842)임을 밝혔다. 차례는 신위의 〈제사〉가 가장 먼저 실려 있고, 다음에 이상적의 〈서〉, 그리고《녹파잡기》본문이 실려 있다. 본문 마지막에 강설의 〈제시〉가 첨부되어 있다. 필사는 독특한 글씨체로 조금 흘려 썼고, 저본과 심전본에 수록된 35칙 패옥(佩玉) 전체가 누락되어 있다.

세 번째로 고려대학교 도서관 육당문고(六堂文庫)에 소장된 필사본이다. 겉표지 제목은 '서경잡기(西京雜記)'다. 속표지에는 '심전외사(心田外史)'란 제목을 달았는데, 심전(心田) 박사호(朴師浩, 1788~?)가 다른 사람의 저작을 편집한 일종의 총서임을 밝힌 것이다. 박사호는 평양 감사 홍기섭(洪起燮, 1776~1831)의 막료로 평양 감영과 원주 감영에서 근무한 적이 있고, 1828년 북경에 다녀왔다. 순서대로 《녹파잡기》와 이시항(李時恒)의 〈서경부(西京賦)〉, 장지완(張之琬)의 〈평양죽지사(平壤竹枝詞)〉 등이 필사되어 있는데 모두 평양을 주제로 쓴 시문과 저술이다. 심전본은 삼산본과 순서나 내용상 큰 차이는 없으나 오자나 탈자가 많은 편이고, 비평이 아예 삭제된 불완전하고 거친 사본이다.

내용을 가장 충실하고 정교하게 필사한 선본은 역자 소장본이다. 이 사본도 오자나 탈자가 간혹 보이기는 하지만 다른 두 종의 이본에서는 확인할 수 없는 신위의 비평이 명확하게 달려 있고, 장황이나 필사 상태, 보존 상태 등에서 비교할 수 없을 만큼 좋은 선본이다. 따라서 이 사본을 저본으로 삼는다.

이 번역서에서는 세 가지 사본을 꼼꼼하게 교감하여 정본을 만들어 제시하고 그것을 바탕으로 번역했다. 의미상 차이를 가져오는 교감이 있으므로 참고할 만한 가치가 있다. 실례로 165쪽에 나오는 윤할이 삼산본에는 군할(君瞎)로 되어 있으나 이는 오류로 장님 윤씨라는 의미의 윤할로 보는 것이 옳다.

《녹파잡기》는 분량이 많지 않은 소품서이지만 담고 있는 내용은 조선시대 기생과 기방 문화를 살펴보는 데 독보적인 가치가 있다. 관련한 자료를 반영하여 꼼꼼하게 주석을 달아 번역하는 것은 그와 같은 가치를 살리고자 해서이다. 이 책이 기생의 문화와 사회, 예술 등을 폭넓게 이해하는 데 도움이 되기를 기대한다.

서序

이상적 李尙迪

미인이 노쇠하자 굴원(屈原)은 〈이소(離騷)〉에서 슬픔을 노래했고[1]
황후가 홀로 되자 사마상여(司馬相如)는 〈장문부(長門賦)〉를 지어
팔았다.[2]
현자를 좋아한들 여인의 사랑과 바꿀 자 누가 있으랴?[3]
재주 있는 자라도 애정만은 어쩌지 못하는 법이다.

판교(板橋)에서 기녀를 기록한 책은 여회(余懷)의 곤궁한 수심을
보여주고[4]
병풍에 그려진 궁궐 여인은 주방(周昉)의 오묘한 솜씨를 전해온
다.[5]

---

1 굴원은 전국시대 말엽 초(楚)나라 시인으로 자는 영균(靈均)이다. 〈이소〉의 "초목이 시들어 떨어
  지는 것을 생각해보니 미인 역시 노쇠해갈까 두렵구나(惟草木之零落兮, 恐美人之遲暮)."에서 나
  왔다.
2 한(漢)나라 진 황후(陳皇后)가 무제(武帝)의 사랑을 잃고 장문궁(長門宮)에 유폐된 뒤 사마상여에
  게 100근의 황금을 보내어 글을 요청했다. 사마상여가 〈장문부〉를 지어서 주었더니 무제가 읽고
  서 진 황후를 다시금 총애했다.《문선(文選)》권8,〈장문부서〉)
3 《논어(論語)》〈학이편(學而篇)》7장에서 자하(子夏)가 "어진 이를 어질게 여기되 여색을 좋아하는
  마음과 바꿔서 하라(賢賢易色)."라고 했다.
4 〈제사〉주석 3) 참조.
5 주방은 당(唐)나라의 인물화를 잘 그린 화가로 궁궐의 부귀한 여인과 귀족을 주된 소재로 삼았다.
  귀부인의 복식과 자태, 복잡한 성격을 잘 표현하여 후대에 큰 영향을 끼쳤다.

슬프다! 두목(杜牧)이 죽었으니 자운(紫雲)을 묻는 자 누가 있고[6]
왕백곡(王百穀)이 늙은 뒤로 마상란(馬湘蘭)은 어디로 가야 하나?[7]

남부(南部)의 기방에는 기녀들이 흩어지고[8]
동산(東山)의 옛길에는 풍악 소리 쓸쓸해졌다.[9]
멋진 자취 사라지니 풍류를 누가 주도하나?
생각도 못했다, 같은 시대에 우인(藕人) 선생 만날 줄은.

신생은 과거에 낙방한 유분(劉蕡) 같은 분으로[10]
길을 가며 노래 부른 원헌(原憲) 같은 지사라네.[11]
고해의 세상에 파묻혀 살면서도
환락의 자리에서는 질탕하게 즐기셨다.

---

6 자운은 당나라 때 사도(司徒) 이원(李愿)의 집에 있던 명기(名妓)다. 두목이 어사(御史)가 되어 낙
 양 분사(洛陽分司)에 갔을 때 이원이 개최한 연회에 초대받았다. 두목이 "자운이란 명기가 있다던
 데 누구인가?" 물으니 이원이 가르쳐주었고, 두목은 한참 동안 처다보고는 "과연 아름다우니 내게
 빌려달라."라고 했다. (《당시기사(唐詩紀事)》)

7 왕백곡은 명나라 말엽의 저명한 문인 왕치등(王穉登)으로서 자가 백곡이다. 마상란은 명말청초
 (明末淸初)에 남경 진회하의 기방에서 활동한 명기다. 난초를 잘 그리고 시를 잘 써서 《상란자집
 (湘蘭子集)》과 서화 작품이 전해온다. 왕백곡과 마상란은 서로 좋아했으나 마상란이 원해도 왕백
 곡은 나이가 들었다는 이유로 함께 사는 것을 완곡히 거절했다. 두 사람의 로맨스는 대단히 유명
 하다.

8 명나라 초엽 이후 남경의 기방에서는 구원과 주시(珠市) 등이 번성했는데, 그 번성함을 가리켜 남
 부연화(南部烟花)라 했다.

9 동진(東晉) 사람 사안(謝安)은 동산에서 기녀들과 어울려 살면서 조정의 부름에 응하지 않았다.
 동산휴기(東山携妓)란 고사가 유명하다.

10 유분은 당나라 때 문신으로 과거 시험에 응시하여 환관들을 질타하는 답안을 제출했다. 글은 대
 단히 뛰어났으나 시험관이 환관들의 보복을 겁내 그를 탈락시켰다.

11 권1 주석 20)에 자세한 설명이 있다.

문장은 봄꽃과 같고 품평은 노련한 솜씨라
평양에서 실컷 노닐고 《녹파잡기》를 지었으니
반지항(潘之恒)의 《곡중지(曲中志)》란 선례가 있고
《진회사녀표(秦淮士女表)》가 처음으로 다룬 사연이다.[12]

저 대동강 푸른 물의 명승지나
청루(青樓)가 늘어선 본거지에는
여인이 강에 나와 노니는 풍속이 전하고[13]
큰 방죽에서 부른 옛 시가가 찾아진다.[14]

호수에는 막수(莫愁)란 이름이 있고[15]
나루터에서는 도엽(桃葉)을 기념하며[16]
형문(荊門)에서 왕소군(王昭君)이 나고 자랐고[17]

---

12 반지항과 《진회사녀표》를 지은 조대장(曹大章)은 모두 명나라 말엽의 문인으로 남경의 명기들
    을 소개한 저작을 다수 남겼다.
13 강에 나와 노니는 여인은 곧 강한(江漢)의 유녀(游女)로, 《시경》 〈한광(漢廣)〉에 "한수(漢水)에 놀
    러 나온 여자가 있으나, 가까이할 수가 없네(漢有遊女, 不可求思)."라는 구절이 있다. "강한의 풍
    속에 여자들이 강가에 나와 노닐기를 잘했다."라고 주자가 주석을 달았다.
14 큰 방죽에서 부른 옛 시가는 〈대제곡(大堤曲)〉을 말한다. 대제는 호북성(湖北省) 양양현(襄陽縣)
    에 있는 큰 방죽이다. 이곳에 꽃이 피면 여자들이 곱게 단장하고 나와 남자들과 어울려 놀았다.
    〈대제곡〉은 그 풍속을 소재로 한 노래다.
15 중국 남경의 삼산문(三山門) 밖에는 막수호(莫愁湖)가 있는데 막수(莫愁)의 이름을 딴 호수이다.
    막수는 고악부(古樂府)에 흔히 등장하는 전설적인 기녀이다.
16 남경의 진회하에 유명한 나루터 도엽도(桃葉渡)가 있었다. 도엽은 진(晉)나라 왕헌지(王獻之)의
    애첩으로 그가 도엽을 지극히 사랑하여 〈도엽가(桃葉歌)〉를 지었는데 그 노래가 크게 유행하여
    나루터에 이름이 붙었다.
17 〈제사〉 주석 6)에 자세한 설명이 있다.

아미산(峨眉山)에서 탁문군(卓文君)이 출현했다.[18]

어지럽게 강 언덕에서 패물을 던지니[19]
참으로 황금을 녹이는 솥이로구나.[20]
청아한 노래 오묘한 춤의 절세미인 아닌 여인 없고
푸른 물결 붉은 난간은 천년토록 번화한 명소다.

스물네 곳 다리 위로 밝은 달이 뜨고[21]
열두 명 기녀들은 꽃피는 시절이다.[22]
빨래터 곳곳마다 서시(西施) 같은 미인들
꽃배를 탄 남자들은 비단 이불로 덮치누나.[23]

---

18 한나라 때 저명한 여성 탁문군과 당나라 때 여성 문인 설도(薛濤)는 모두 성도(成都) 출신이다.
    당나라 시인 원진(元稹)의 〈설도에게 주다(寄贈薛濤)〉에 "금강이 미끈하고 아미산이 빼어나, 탁
    문군과 설도가 출현했구나(錦江滑膩蛾眉秀, 幻出文君與薛濤)."라고 적혀 있다.

19 전설에 주(周)나라 정교보(鄭交甫)가 초(楚)나라 한고대(漢皐臺) 아래에서 선녀인 강비(江妃) 둘
    을 만나 사랑의 표시로 패옥(佩玉)을 달라고 청하자, 그 선녀들이 허리에 찬 패옥을 풀어주고는
    홀연히 사라졌다고 했다. 《문선》 〈강부(江賦)〉의 주.

20 황금을 녹이는 솥은 소금와(銷金窩) 또는 소금굴(銷金窟)로 거금을 흥청망청 쓰게 만드는 장소라
    는 뜻이다. 《무림구사(武林舊事)》에 항주(杭州) 사람들이 서호(西湖)에서 놀면서 "날마다 돈을 흥
    청망청 쓰게 하여 그 끝이 없다. 그래서 항주의 속담에 황금을 녹이는 솥이란 말이 있다."라고 했다.

21 강소성(江蘇省) 양주(揚州) 강도현(江都縣) 서쪽에 있던 24개의 다리로 당나라 때 명승지로 유
    명하여 번화한 거리를 비유하는 표현으로 쓰인다. 두목의 〈양주 한작 판관에게(寄揚州韓綽判
    官)〉라는 시에서 "스물네 개 다리의 달 밝은 밤에, 어디서 미인에게 퉁소를 불게 할까(二十四橋
    明月夜, 玉人何處教吹簫)."라고 했다.

22 열두 명의 기녀는 본래 미녀의 머리에 꽂는 금비녀가 많이 있다는 의미였으나 후대에는 많은 기
    녀를 가리키는 말로 쓰였다.

23 춘추시대 악군(鄂君)이 꽃배(靑翰舟, 새 모양 장식을 한 푸른 배)를 타고 가는데 월녀(越女)가 그
    리움을 담은 노래를 부르자, 악군이 비단 이불(繡被)로 월녀를 싸서 데려와 사랑을 나누었다고
    한다. 《설원(說苑)》 〈선설(善說)〉

이청조(李淸照)는 주렴 저편에서
가을에는 국화보다 야위고[24]
소소소(蘇小小)의 문 앞에서
봄철에는 수양버들이 치렁치렁하다.[25]

검둥개는 금빛 섬돌에서 낮잠을 자고
보랏빛 제비는 대모(玳瑁) 들보로 날아들 때
사랑을 나누려면 파란 자귀나무를 심고
임이 그리울 때는 붉은 팥을 맺어둔다.[26]

대물리는 가업은 생황 주머니와 피리 악보요
집안의 명성은 매미 이마에 나방 눈썹의 미모다.
트레머리 높여서 초나라 궁궐의 새 단장 법 배우고
버선은 양귀비가 신은 방법을 본뜬다.

---

24 이청조는 북송(北宋)의 여성 문인으로 호가 이안(易安)이다. 그녀는 〈취화음(醉花陰)〉에서 "시름
이 깊지 않다 말하지 마요! 서풍에 주렴 걷히면, 사람이 국화보다 더 야위었을 테니(莫道不銷魂!
簾捲西風, 人比黃花瘦)."라고 썼다.

25 소소소는 남제(南齊) 때 전당(錢塘)의 저명한 명기다. 당나라 시인 온정균(溫庭筠)은 〈수양버들
(楊柳)〉 여덟 수 중 세 번째에서 다음과 같이 노래했다.

소소소의 문 앞에는 수양버들 만 가지가   蘇小門前柳萬條
치렁치렁 금실 되어 다리를 스치네.   毿毿金綫拂平橋
꾀꼬리 울지 않을 때 동풍은 불고   黃鶯不語東風起
깊이 닫힌 붉은 대문 안에서 춤추는 허리와 함께 있네.   深閉朱門伴舞腰

26 자귀나무(青棠)는 부부간의 사랑을 의미하여 합환화(合歡花)라 하고, 붉은 팥(紅豆)은 그리움(相
思)을 상징한다.

요염한 운우(雲雨)의 정에 사시사철 봄철 같고
'벽옥 같은 달과 진귀한 꽃가지'는 한때의 절창이라.[27]
주유(周瑜)가 연주를 돌아보고[28]
자사(刺史)가 애간장을 태운다.[29]

눈 녹은 물로 차를 끓인 것은 도곡(陶穀)의 맑은 운치요[30]
신발로 술을 돌린 것은 양유정(楊維楨)의 환락이다.[31]
아침에는 하후단(夏侯亶)의 주렴 밖에서 연주하다가도[32]
밤이 되면 진왕(陳王)을 잠자리에서 모신다.

---

27 소식(蘇軾)이 지은 〈완계사(浣溪沙)·국절(菊節)〉의 "벽옥 같은 달 진귀한 꽃가지는 밤마다 쓸쓸하고, 국화나 내 모습은 해마다 변해가네. 모르겠군 내년에는 누가 함께 보려는지(璧月瓊枝空夜夜, 菊花人貌自年年, 不知來歲與誰看)."를 말한다.

28 주유는 중국 삼국시대 오(吳)나라의 명장이다. 그는 음악에 조예가 깊어 연회 때 악공이 곡을 잘못 연주하면 반드시 머리를 돌려 바라보았다고 한다.

29 당나라 시인 유우석(劉禹錫)이 소주 자사(蘇州刺史)에서 면직된 뒤 사공(司空)을 지낸 고관 이신(李紳)이 차린 연회에 가서 술을 마셨다. 노래 부르는 가기(歌妓)에 마음이 끌린 유우석이 "궁중 미녀처럼 머리를 꾸미고, 봄바람 같은 노래 들려주는 두위랑! 사공께서는 실컷 들어 시큰둥해도, 강남의 자사는 애간장 끓어지네(髻髮梳頭宮樣妝, 春風一曲杜韋娘. 司空見慣渾閑事, 斷盡江南刺史腸)."라는 시를 지었다. 그러자 이신이 그녀를 유우석에게 내주었다. 사연이 《본사시(本事詩)》에 실려 있다.

30 도곡은 북송 초엽의 한림학사(翰林學士)이다. 그가 당 태위(黨太尉)가 데리고 있던 기녀를 얻어서 눈 녹은 물을 취해 차를 끓이면서 "당 태위의 집에서는 이런 풍류를 모를 것이다."라고 했다. 그러자 그 기녀가 "당 태위는 거친 사람이니 어찌 이런 풍류가 있겠습니까? 소금장(銷金帳) 아래 앉아 조용히 술을 조금씩 음미하면서 미인의 고운 노랫소리를 들으며 맛 좋은 양고주(羊羔酒)나 마실 뿐이랍니다."라고 했다.

31 원(元)나라 말엽의 문인 양유정은 술자리에서 발이 작은 기녀를 보면 가죽신을 벗겨서 술을 따라 돌려 마시고 이를 금련배(金蓮杯)라 했다. (도종의(陶宗儀), 《남촌철경록(南村輟耕錄)》권23)

32 양(梁)나라 하후단은 집안이 가난해도 음악을 듣기 좋아했다. 기녀들이 옷도 장식도 없어서 손님이 이르면 바로 주렴 밖에서 곡을 연주하게 했다. 당시 사람들이 주렴을 하후단 기녀의 옷이라 불렀다. 《독이지(獨異志)》

쌀쌀해진 날씨에는 반비(半臂)를 걸치고

일 년 내내 태수(太守)의 나들이를 따라간다.

초록 잎이 녹음을 드리웠다고 탄식하거나[33]

시집가지 않은 운영(雲英)을 노래한다.[34]

비파 연주에는 장사꾼 아내의 원한이 서려

쫓겨난 백거이(白居易)의 푸른 적삼을 눈물로 적시고[35]

담쟁이덩굴처럼 영웅에 몸을 맡기는

홍불기(紅拂妓)를 지금은 만나기 어렵지.[36]

---

33 당나라 시인 두목이 호주(湖州)에서 마음에 드는 명기를 찾지 못하자 물놀이를 개최했다. 강 양
안에 사람들이 구름처럼 모였을 때 한 노파가 북상투를 한 십여 세 소녀를 데리고 나타났다. 두목
이 대단한 미인이라 여기고 노파를 불러 "십 년 후에 내가 반드시 이 고을을 다스리러 오겠다. 만
약 내가 오지 않으면 가고 싶은 데로 가거라."라 하고, 폐백을 많이 주어 보냈다. 십사 년 뒤 호주
자사로 부임했더니 소녀는 이미 결혼한 지 삼 년이 지나 두 아이를 낳은 상태였다. 그녀를 부르
자 시어머니는 빼앗길까 두려워 아이를 안겨 보냈다. 두목이 그녀를 보고서 다음 시를 지었다.

꽃을 찾아 왔더니 이미 늦었구나!　　　　　　　　　　自恨尋芳到已遲

왕년에 만났을 때는 아직 피지도 않았더니.　　　　　　往年曾見未開時

지금은 바람이 꽃을 어지러이 터트리고　　　　　　　如今風擺花狼籍

초록 잎은 그늘을 드리우고 열매는 가지에 가득하구나.　緣葉成陰子滿枝

34 당나라 시인 나은(羅隱)이 과거를 보러 가는 길에 종릉현(鍾陵縣)을 지날 때 운영이란 명기를 만
났다. 십 년 뒤에 다시 운영을 만났을 때 처지가 똑같아서 〈기생 운영에게 주다(贈妓雲英)〉라
는 시를 지어 주었다.

종릉에서 취해 이별한 지 십여 년이 흘렀는데　　　　鍾陵醉別十餘春

봄매가 가냘픈 운영을 다시 만났네.　　　　　　　　重見雲英掌上身

나는 급제 못하고 그대는 시집을 못 갔으니　　　　　我未成名君未嫁

남만 못한 둘의 처지가 어찌 말이 되는가.　　　　　可能俱是不如人

35 권1 주석 5)에 자세한 설명이 있다.

향기로운 풀이 기녀의 백골을 휘감은
석 자 높이 선연동(嬋娟洞) 무덤에 술을 따르고[37]
붉은 글씨로 이름을 적어
천 길 벼랑의 청류벽(淸流壁)에 새겨놓는다.[38]

그러니 서울을 떠난 이들은
여기에서 즐기면서 돌아가기를 잊고
이별을 노래하는 사람들은
아뜩하게 넋을 잃고 만다.

심지어는 검버섯이 피도록 술을 파는 늙은이나
베잠방이 입고 술 그릇을 씻는 젊은이나
다들 한때는 평강(平康)[39]을 주름잡던 협객이었고
장서(張緖)처럼 미끈했던 한창때가 있었다.[40]
이것은 풍토에 사로잡힌 결과인가,
아니면 지령(地靈)이 힘을 발휘한 탓인가?

---

36 홍불기는 당나라 두광정(杜光庭)의 전기소설 《규염객전(虯髯客傳)》에 등장하는 기녀이다. 양소(楊素)의 시녀였으나 이정(李靖)에게 반하여 태원(太原)으로 야반도주했다.

37 권2 주석 15)에 자세한 설명이 있다.

38 권1 주석 29)에 자세한 설명이 있다.

39 평강은 당나라 때 장안(長安)의 평강방(平康坊)이다. 기방이 몰려 있던 번화가로 후대에는 기방을 비유하는 말로 쓰였다.

40 장서는 남제 때 문신으로, 풍모가 청아하여 무제(武帝)가 영화전(靈和殿) 앞에 가지가 늘어진 버드나무를 심고 "이 버들의 사랑스러운 풍류는 한창때의 장서와 같다."라고 말했다. 《남사(南史)》 권31 〈장서열전(張緖列傳)〉)

아! 우인 선생은 가을을 슬퍼하는 심경에

회춘(懷春)을 그리워하는 마음을 기탁하여

박자를 맞추며 시를 노래하는 자리에 오가고

머리에 꽃을 꽂고 글을 짓는 기녀들[41]의 모임에 달려갔네.

붉은 붓 한 자루로 필삭(筆削)을 엄정히 했으니

절묘한 시 천 수라도 이 짧은 저작에 양보해야 하리라.

진실로 풍아(風雅)의 문학에서도 영원히 전해질 책이요

넉넉히 향염(香艶)의 기녀에게도 불후의 계책이다.

연꽃 두 잎에 책을 맡겨 받쳐 들게 하고

큰 술잔에 가득 부은 술을 마시고 읽으면 좋으리라.

계사(癸巳, 1833)년 소춘월(小春月, 11월)

우선(藕船) 이상적이 〈서〉를 쓰다

◎　　　사람으로 하여금 너울너울 춤추게 만든다.

◎　　　마치 번화한 도회지의 시장을 들어간 듯하다.

41　당나라 때 명기 설도는 시재가 있어서 사람들이 여교서(女校書)라 불렀다. 여교서는 후대에 글
　　을 잘하는 기녀를 부르는 명칭으로 쓰였다.

이 서문은 19세기를 대표하는 역관이자 뛰어난 시인 중 한 명인 이상적의 작품이다. 그의 문집 《은송당집(恩誦堂集)》 〈문(文)〉 권1에도 '한우인녹파잡기 서(韓藕人綠波雜記序)'란 제목으로 실려 있다. 글의 끝에 밝힌 것처럼 1833년 11월에 썼으며, 왕성한 창작욕을 보이던 서른 살의 이상적이 작심하고 쓴 글이다.

이 글을 쓰기에 앞서 1832년(임진년) 9월 16일 밤에 당대의 내로라하는 문인들이 시단의 거장 신위의 벽로음방에 모였다. 해거도위(海居都尉) 홍현주(洪顯周), 동번(東樊) 이만용(李晚用), 유산(酉山) 정학연(丁學淵) 형제, 유본학(柳本學) 형제, 그리고 우인(藕人) 한재락(韓在洛)이 끼어 있었다.

그때 지은 시가 《은송당집》에 실려 있는데, 그 끝 대목에 한재락이 《녹파잡기》를 지은 사실을 밝히며 "그 누가 대동강 푸른 물에서 기녀를 다룬 책을 썼던가? 곤궁한 수심에 화려한 습관을 다 버리지 못했구나!"라고 읊었다. 이 표현은 "판교(板橋)에서 기녀를 기록한 책은 여회(余懷)의 곤궁한 수심을 보여주고"란 《녹파잡기》 〈서〉와 발상과 표현이 비슷하여 깊은 연관이 있음을 보여준다. 이미 신위는 1830년 봄에 《녹파잡기》 〈제사〉 여덟 수를 완성했으므로 그때를 전후한 시기부터 부탁받은 〈서〉를 삼 년 넘게 짓고 다듬고 하여 완성한 것으로 보인다.

이 서문은 완전한 변려문이다. 평소 변려문 창작에 관심이 많았던 이상적은 화려한 기녀의 세계를 다루는 주제인 데다 당시 문인들이 변려문 창작에 관심이 많았기 때문에 이 문체를 선택했다. 이상적의 문장 가운데서도 대표작으로 꼽을 만큼 수사나 내용 모두 뛰어나다.

변려문이라 어휘나 구절마다 전고가 사용되어 이해하기가 매우 힘들다. 대부분의 전고를 밝혀서 번역하고 주석을 달았으나 주석이 너무 많으면 읽는 데 방해가 되므로 쉽게 이해할 수 있는 사실은 주석을 달지 않았다.

권1

한재락 韓在洛 지음

한재락 韓在洛 지음

1.

죽엽

죽엽(竹葉)은 용모가 풍만하고 넉넉하며, 풍류가 무르녹고 세련되었다. 말하는 품새는 호쾌한 선비와 같고, 가곡 솜씨는 당세에 으뜸이라 따라갈 자가 없다.

그녀는 일찍이 다리가 아파 이불을 덮고 누워 있었다. 내가 오는 것을 보고 발을 걷고 일어나 옷매무새를 가다듬고 세숫물을 서둘러 내오라 하여 얼굴과 손을 씻었다. 그러고는 이렇게 말을 꺼냈다.

"가을이 되어 서울에 들어가서 대저택의 아름다운 나무 사이에서 잔치를 했지요. 두 기관[1]의 뛰어난 기생들과 더불어 한강에 배를 띄우고서 산과 강이 어우러지고 누대가 날아갈 듯 펼쳐진 풍광을 구경했답니다. 웅장하고 화려한 서울을 확인하고서 송도로 돌아와 만월대에 올라 폐허로 변한 옛 궁궐에 잡풀만이 눈에 가득 들어오는 광경을 보고서 가슴이 뭉클해져 저도 모르는 새 눈물을 떨구었습니다. 한스럽게도 갈 길이 바빠 천마산과 박연폭포를 비롯한 여러 빼어난

---

1 두 기관의 원문은 양원(兩院)이다. 양원은 상의원(尙衣院)과 내의원(內醫院)으로서 국왕의 옷을 만드는 상의원에는 상방기생(尙房妓生) 침선비(針線婢)가 속해 있고, 내의원에는 약방기생(藥房妓生) 의녀(醫女)가 소속되어 있었다. 유득공의《경도잡지(京都雜誌)》1〈성기(聲伎)〉항목에 따르면, 공조 소속 상의원의 침선비와 내의원·혜민서(惠民署)의 의녀는 모두 관동과 삼남 지역의 선상기(選上妓)로서 잔치 자리가 있으면 가서 가무를 했다고 한다. 따라서 두 기관의 기녀들은 전국에서 가장 뛰어난 기예를 자랑했다.

명승지를 미처 보지 못했답니다."

그녀는 다음 해 봄에 나와 함께 묘향산과 약산동대 일대를 유람하기로 약속했다. 그러더니 한숨을 크게 내쉬며 이렇게 말을 이었다.

"소첩의 나이 벌써 스물넷이랍니다. 하루아침에 지아비를 따르게 되어 속박을 받게 되면 어떻게 제 평소의 소망을 이룰 수 있겠어요? 마땅히 봄가을 좋은 날에 명승지를 골라 가야금을 안고 가서 마음껏 노닐어야죠. 이 청춘 시절이 가기 전에 말이에요."

〈평양도〉 8폭 병풍 중 3·4폭, 66.1×35cm, 지본담채, 선문대학교 박물관 소장
평양성의 중서부 지역을 조감해 그린 화폭이다. 성 내외의 주요 건물과 즐비하게 늘어선 민가 등 평양
의 번화한 도회지 모습을 엿볼 수 있다.

2.

현옥

현옥(玄玉)은 눈이 부시도록 화려한 용모를 뽐내고 눈빛이 또랑또랑하여 시원스럽다. 갖가지 기예를 두루 익혀 잘할 뿐만 아니라 노래와 악기도 오묘하게 터득했다.

그녀는 타고난 태도와 성품이 명민하면서도 따뜻하다. 술꾼과 난류(亂流)—원주: 방언(方言)에 부랑(浮浪) 자제(子弟)를 난류라 부른다—가 왁자지껄 소란을 피우며 자리를 빼앗는 짓을 보게 되면 완곡하게 말하여 일을 해결했다. 그뿐 아니라 엄청난 부자나 가난뱅이 거지를 똑같이 성의껏 대하여 그들 모두에게서 환심을 얻었다.

내가 처음 평양에 이르렀을 때 성안에서 만난 젊은이들이 너나없이 그녀의 이름을 말했다. 마침 그녀가 성천(成川)에 가 있어서 만나보지 못해 아쉬웠다.

그로부터 오 년이 지나서 나는 다시 여행을 떠나 평양에 이르렀다. 비로소 대동강 배 안에서 그녀를 만났다. 그때 배 안의 다락에는 많은 기녀가 있었는데, 다들 곱게 화장하고 예쁘게 옷을 차려입고서는 미모를 다투고 애교를 뽐냈다. 다만 그녀만은 홀로 눈썹을 아담하게 설핏 단장하고 다소곳이 뒤로 물러나 앉아 있었다. 한 번 보고서 그녀가 현옥 낭자임을 바로 알아차릴 수 있었다.

조금 있다가 풍악이 울려 퍼지자 그녀는 천천히 일어나 제자리로 갔다. 그리고 붉은 입술을 떼어서 맑고도 시원스러운 노래를 뽑았다. 곡조는 높고 소리는 빼어난지라 이야말로 정녕 가장 높은 수준의 노래를 연주하니 거기에 화답할 자가 아무도 없다는 격이었다.[2] 이날의 즐거운 잔치는 날이 저물어서야 파했다.

다음 날 나는 삼십육동천(三十六洞天)[3]에 들어가 열흘 만에야 돌아왔다. 두어 명의 시인과 함께 오성관(五城觀)−원주: 그녀의 집 이름이다−으로 그녀를 찾아갔다. 그녀는 서둘러 소나무 아래 화단을 깨끗이 청소하고 석류꽃 아래에 갈대 자리를 깔게 하고는 가야금을 끌어당겨 〈유수곡(流水曲)〉을 연주했다. 연주가 끝나자 술병과 술잔을 서둘러 내오게 하여 술을 몇 순배 돌렸다. 그다음 운(韻)을 나누어 시를 지었는데 그녀가 먼저 한 구절을 읊었다.

어진 분들 찾아온 뜻은
늦게 핀 꽃 보려는 거겠지요.

---

2 초나라의 서울인 영(郢)에서 노래를 잘 부르는 사람이 처음에는 보통 유행가인 하리(下里)와 파인(巴人)을 불렀더니 같이 합창하는 자가 수백 명이었다. 그보다 수준이 높은 노래를 부르자 이번에는 따라 합창하는 자가 십여 명으로 줄었고, 양춘(陽春)이나 백설(白雪) 같은 가장 높은 수준의 노래를 부르니 따라 부르는 자가 전혀 없었다.

3 현재의 평양시 강동군 삼등리에서 송가리 마전포 나루터에 이르는 40여 리 구간에 있는 36개의 남강 굽이 명승지를 가리킨다. 삼십육동(三十六洞), 육육동(六六洞)으로도 불렸다. 남강의 좌우 기슭에는 기암괴석으로 이루어진 아름다운 경치가 펼쳐져 있다. 대동강 지류로 평양에서 배를 타고 거슬러 올라갈 수 있다. 조선시대 삼등현(三登縣)에는 관서팔경(關西八景)의 하나로 유명한 황학루(黃鶴樓)가 있었는데 이 명승지 안에 있다. 김조순(金祖淳)·정원용(鄭元容)·장지완(張之琬)·한필교(韓弼敎)·이중하(李重夏) 등의 명사가 여기를 관광하고 시문을 남겼는데, 특히 정원용과 이중하는 36개 동 전체에 한 편씩 연작시를 썼다. 또 한장석(韓章錫)은 그 부친 한필교에게 《육육동시화첩(六六洞詩畫帖)》을 제작하여 보내기도 했다. 박정애, 《조선시대 평안도 함경도 실경산수화》(성균관대학교 출판부, 2014)에 관련 있는 시와 그림이 소개되어 있다.

비단 같은 그녀의 마음이 영특하게 드러났으니, 그녀는 노래와 악기만 잘하는 것이 아니다.

◎　　　늦게 핀 꽃은 자신을 말한다. '오월이라 석류꽃이 눈을 환히 비추는데'란 시에 나오는 (아무도 찾지 않는 석류꽃을) 의미하는 것이 아니다.[4]

4　당나라 시인 한유(韓愈)가 지은 〈석류꽃(榴花)〉의 첫 구절이다.

오월이라 석류꽃이 눈을 환히 비추는데　　　　　　　　五月榴花照眼明
열매 맺혀 가지 사이 드문드문 보이누나.　　　　　　　林間時見子初成
가련해라 이런 데를 찾아오는 귀인 없어　　　　　　　可憐此地無車馬
이끼 위에 나뒹구는 진홍빛 꽃잎들아!　　　　　　　　顚倒蒼苔落絳英

3

취련

취련(翠蓮)은 제법 통통하고 풍채도 좋다. 그러나 검무를 추면 가볍게 나는 제비처럼 날렵하다. 이제는 벌써 나이가 들어 연광정(練光亭) 앞거리에서 술을 팔고 있다.

◎   강주 사마(江州司馬) 백거이로 하여금 푸른 적삼을 눈물로 적시게 하지 않겠나?[5]

---

5   당나라 시인 백거이가 강주 사마로 좌천되었을 때 심양강(潯陽江) 가에서 나이 든 기녀를 만나 대화하고 〈비파행(琵琶行)〉을 지었다. 그 기녀는 젊은 시절 명성을 날리던 가객이었으나 나이 들어 장사꾼 아내가 되어 슬픔에 젖어 비파를 연주하고 있었다. 백거이는 그녀에게 동병상련의 정을 느끼고 "좌중에서 가장 많이 운 사람은 누구던가? 강주 사마 푸른 적삼 눈물 젖어 축축하네(座中泣下誰最多, 江州司馬青衫濕)."라 읊었다. 푸른 적삼은 하급 관리의 복장으로 하급 관리나 좌천을 당한 이의 슬픔을 표현한다.

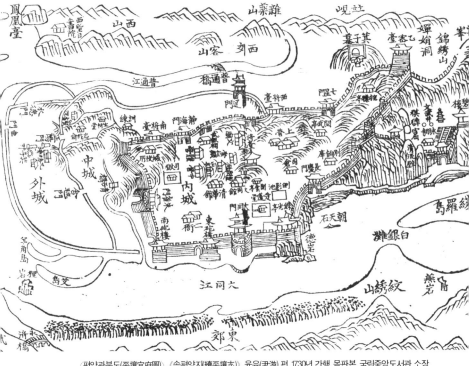

〈평양관부도(平壤官府圖)〉, 《속평양지(續平壤志)》, 윤유(尹游) 편, 1730년 간행, 목판본, 국립중앙도서관 소장

책이 간행된 18세기 초반 평양성 내외의 주요 건물이 간명하게 표시되어 있다. 산천, 내성과 중성, 외성의 성곽 형태 및 주요 관아, 누정, 교량 등 평양을 상징하는 명소의 위치와 방향 등을 명료하게 알 수 있다.

VIEW OF THE FAMOUS PLACE, HEIJYO.

(行發屋茶密乙) 景 全 台 丹 牡 稱名壤平

乙密臺より鳥瞰せる酒岩の溒霞

대동강변의 모란대(牡丹臺)와 영명사(永明寺) 전경. 일제강점기 초의 사진엽서
모란대는 영명사에 속한 명승으로 평양을 대표하는 아름다운 경관을 자랑한다.

4.

영희

영희(英姬)는 자가 소미(小眉)이고, 호가 쌍희관(雙喜舘)이다. 우아하고 차분하며 단정하고 소박하다. 또한 따뜻하고 고아하며 총명하고 민활하다. 사람됨은 국화꽃처럼 담박하고,[6] 재주는 비단처럼 뛰어나다. 노래와 춤을 잘하면서도 아무것도 잘하지 못하는 듯이 다소곳하다. 난초를 즐겨 그리는 성품으로, 마른 잎과 성근 꽃을 그린 그림은 필묵이 수려하고 윤기가 흘러 옛사람의 필의(筆意, 붓을 놀릴 때의 마음가짐)를 깊이 터득한 듯하다. 거처하는 방에는 담황색 발을 치고 무늬목 서안(書案, 예전에 책을 얹던 책상)을 놓았다. 자기와 완상품 및 서화를 진열해놓고 온종일 향을 사르며 단정히 앉아 있다. 방문 앞을 지나가도 안에 아무도 없는 듯 적막하다. 훗날에 태어난 빼어나고 수려한 여인이다.

◎   이 책에서 첫 번째 가는 여인이다.

---

6 "사람됨은 국화꽃처럼 담박하고(人澹如菊)"라는 이 구절은 〈이십사시품(二十四詩品)〉의 '전아(典雅)'에 나오는 "떨어지는 꽃잎은 말이 없고, 사람은 담박하기가 국화와 같다(落花無言, 人淡如菊),"라는 구절에서 빌려왔다. 이 구절은 전아한 인물의 특징을 잘 포착한 유명한 표현으로 18, 19세기 조선 문인들 사이에서 대단히 인기가 있었다. 담(澹)과 담(淡)은 서로 통하는 글자이다.

【 참고 2 】

신광현이 쓴《경림(瓊林)》에는 〈두과검존(蠹裹檢存)〉이란 글이 있는데, 그 안에 안주 기생 경패가 절친한 친구인 평양 기생 영희와 죽향, 만주월(滿洲月)을 추억하는 흥미로운 사연이 길게 실려 있다. 경패와 영희, 그리고 죽향은 모두《녹파잡기》에 등장하는 기녀로 서로 내용이 부합하여 그들을 이해하는 소중한 자료이다. 이에 다음과 같이 번역하여 싣는다.

　병신년(1836) 가을 안주(安州)에 놀러갔을 때 경패(瓊佩)라는 기생을 만났는데 자태가 몹시 아름답고 지혜가 출중했다. 한번은 달빛을 받으며 백상루(百祥樓)에 데리고 갔다. 술을 마시던 중에 문득 옛이야기를 하더니 눈물을 삼키며 다음과 같은 말을 꺼냈다.
　"소첩은 평양 출신입니다. 같은 기방에 영희와 죽향, 만주월이 있었는데 다들 용모와 기예가 뛰어나 자긍심이 대단했답니다. 영희는 오묘한 착상으로 난초를 그리고 담소할 때는 향기가 사람에게 뿜어져 나왔고요, 죽향은 대나무를 잘 그리고 초서나 예서까지도 잘 썼습니다. 만주월은 눈빛이 좌중을 빛나게 하고 눈썹을 그림 그리듯 칠했지요. 소첩은 가곡(歌曲)을 대략 부를 줄 알았는데 정이 담뿍 담겼다고 칭찬을 들었답니다.
　지금 영희와 죽향은 모두 분단장해 아름답던 용모가 완전히 시들었습니다만 그래도 수향(水鄕)의 맛은 여전히 남아 있습니다.[7] 만주

7　원주에 "아름답든 아름답지 않든 고향의 물이고, 친하든 친하지 않든 고향의 친구이다. 이것은 옛 속담이다."라고 했다

월은 일찌감치 만부(灣府, 평안도 의주)에 소속되었는데 이름 탓이겠
지마는 채 마치기도 전에 흙으로 돌아갔으니 안타깝습니다. 가을에
구름이 흐르고 봄풀이 푸를 때면 밝은 빛이 언덕이나 들녘에서 불야
성을 이룰 겁니다. 소첩은 당시에 나이가 가장 어렸습니다. 또 이곳
으로 떨어져 나와 붉은 꽃이 지자 녹음이 짙어지듯 청춘은 지나가니
꿈속에서도 울고 화장하다가도 눈물짓고 있을 뿐입니다."

　말을 마치고 스스로 지은 시조(時操, '時調'를 이 한자로 썼다) 몇 곡을
창하고는 슬픔을 억누르지 못했다. 그녀의 말을 듣고 나도 감회에
젖이 그녀를 위해 술을 따라주고 절구(絶句) 몇 수를 지어주며 위로
했다. 그로부터 몇 년 뒤 친구의 집 벽에서 난초와 대나무를 그린 작
은 족자(簇子)를 보았는데 깡마른 돌을 함께 배치하고는 '패련영향(浿
蓮英香, 평양 미인 영희와 죽향)'이라고 관지(款識)를 적었다. 조사해보고
서 영희와 죽향 두 미인의 합작임을 알아냈다. 붓을 놀린 솜씨가 과
연 오묘하기 짝이 없고, 그윽하고 아름답기가 특별했다. 경패가 한
말을 돌이켜보니 그녀의 말이 틀림이 없어서 아끼며 감상하고 어루
만지다가 화폭 곁에 절구 세 수를 짓고서 돌아왔다.

　우습게도 나는 머리털이 벌써 듬성듬성한데도 풍류의 찌꺼기가
아직도 가슴속에서 사라지지 않고 있다. 두목(杜牧)이 양주(楊州)를
썼은 듯이 잊었다고 누가 말했던가? 이제 그중에서 시 두 수를 적어
둔다.

　영희의 난초, 죽향의 대는 모두가　　　　　　　英蘭香竹總傾城
　경성(傾城)의 솜씨라
　만주월의 상한 마음 경패는 기억하네.　　　　洲月傷心記阿瓊

바람 앞 꽃 신세를 탓하는 한밤중의 노래여!　　宛轉風花中夜曲

흩날리는 처지보다 태어난 것을 서러워하네.　　飄零不恨恨初生

이 설움과 이 감정은 끝날 기약 없어서　　是恨是情無了期

옛날부터 지금까지 그네들 사연을 나는　　今來古往我偏知

유독 잘 알지.

기쁨과 슬픔, 만남과 이별의 인간 세상에서　　悲歡離合人間世

바람 불고 비 내리는 때의 일을 어찌 서러워하랴!　　何恨風風雨雨時

5.

오섬

오섬(吳蟾)은 목청이 좋아 미끈하고 낭랑하게 노래를 불렀다. 눈동자가 초롱초롱하고, 말하고 웃는 모습이 우아하고도 다소곳하여 규방에 머무는 여인의 풍모와 자태를 지녔다. 나는 여러 날 밤을 그녀와 놀았는데 그 자리에는 퉁소와 가야금이 빠짐없이 있었다.

6.

나섬

나섬(羅蟾)은 자태가 곱고도 빼어났다. 뜻이 도도하여 자중자애했다. 아름답고도 준수한 남자라면 비록 모자나 옷차림이 해어졌어도 하룻저녁 사이에 정을 붙이지만, 악착같고 천박한 사내라면 아무리 화대를 백 꿰미나 줄지라도 눈길을 주지 않았다.

한 젊은이가 그녀의 가락지를 집어서는 외설스런 말을 뱉었다. 그녀는 당장 가락지를 뺏어 여의(如意)로 깨부수고 정색을 하며 준엄하게 꾸짖었다. 이렇듯이 성품이 격렬하고 드셌다.

예전에 나는 송도의 자남산(子男山) 아래에 있는 초당(草堂)에서 그녀를 만난 적이 있다. 봄날 술은 찰랑찰랑거렸고, 섬세한 노랫가락은 간들간들 이어졌다. 그로부터 벌써 십여 년의 세월이 훌쩍 지나갔구나. 이제 다시 찾아왔건만 그녀는 벌써 손님을 사절했다. 그녀의 아우를 통해 안부를 전하고서 한숨을 내쉬며 그녀를 위해 한번 탄식을 했다.

◎　　　지난날의 풍류를 살짝 드러내는 글솜씨다.[8]

8　십여 년 전 술과 노래를 즐기는 개성의 잔치 자리에서 나섬을 보았다는 글에서 글쓴이의 풍류를 즐기는 생활이 드러남을 말한 것이다

7.

향임

향임(香任)은 노래와 춤을 잘했고, 재주와 미모로 명성이 자자했다. 그녀가 병들어 누워 있는 모습을 보았는데 비단 병풍을 이리저리 둘러치고 약탕기가 여기저기 흩어져 있었다. 그러나 그 앞에서 날마다 노래를 부르고 가야금을 연주했다. 두추랑(杜秋娘)처럼 늙어가도 풍정(風情)은 시들지 않는다는 것을 잘 알 수 있다.[9]

◎   병을 잘 조리한다.

---

9 두추랑은 금릉(金陵) 출신의 당나라 명기다. 열다섯 살에 이기(李錡)의 시첩(侍妾)이 되었는데 이기가 반역을 일으켰다 실패하자 궁중으로 끌려가 헌종의 총애를 받았다. 목종이 즉위한 뒤 그녀는 목종의 아들 이주(李湊)의 보모로 지냈는데, 이주가 폐위되자 고향으로 돌아갔다. 두목이 금릉을 지날 때 그녀를 만나보고 〈두추랑시(杜秋娘詩)〉를 지었다. 두추랑은 〈금루의(金縷衣)〉란 시를 지어 "그대여! 금루의를 아끼지 말고, 그대여! 젊은 날을 아끼세요. 꽃이 피어 꺾을 만하면 바로 꺾고, 꽃 떨어진 빈 가질랑 꺾지 마세요.(勸君莫惜金縷衣, 勸君惜取少年時. 花開堪折直須折, 莫待無花空折枝)."라고 읊었다.

8.

섬양

섬양(纖孃)은 나섬의 동생이다. 나는 여러 명의 손님들과 함께 경파루(鏡波樓)[10] 아래로 그녀를 찾아갔다. 그녀는 등불 앞에 외로이 앉아서 담담하게 은근한 눈길을 던졌다. 안개 같은 그녀의 귀밑머리는 비췻빛이 낮게 드리워져 등불과 고움을 다투고 있었다. 그녀는 나를 맞아들여 자리에 앉도록 했는데 응수하고 접대하는 태도가 부드러우면서도 민첩했다.

시간이 한참 흐른 뒤 나는 그녀를 뒤에 두고 문을 나섰다. 달빛은 서리가 내린 듯 눈이 쌓인 듯 교교했다. 몇 걸음 떼며 서성대는 사이에 문득 돌아보니, 그녀가 손님을 보내고서 난간에 기댄 채 소동파(蘇東坡)의 〈전적벽부(前赤壁賦)〉와 우리나라 시인의 〈죽지사(竹枝詞)〉 몇 곡을 부르고 있었다. 그 소리가 마치 한 오라기 향 연기가 끊어지지 않고 하늘하늘 피어오르는 것과도 같았다. 나도 모르는 새 기분이 썩 좋아져서 도로 문안으로 들어가 매화나무 아래 둘러앉았다. 그녀가 다시 술잔을 씻어 내왔다. 손님 가운데 한 분이 장난삼아 이렇게 말했다.

---

10 평양 좌영(左營) 건물의 누각으로 연광정과 장경문(長慶門) 중간에 위치하여 대동강을 내려다보고 있다. 1791년 평안도 관찰사로 재직한 홍양호(洪良浩)가 중건하고 〈경파루기(鏡波樓記)〉를 썼다.

"아가씨가 이 술잔을 맨 처음 누구에게 주는가를 보면 술집에서
누가 갑이고 을인지 우열을 정할 수 있겠군!"

그녀는 미소를 머금더니 마침내 연뿌리 같은 팔을 뻗어 목소리도
나직하게 내게 술을 권했다. 좌중 사람 모두 배를 움켜쥐고 웃었다.

◎   '황하원상(黃河遠上)'[11]의 가곡창을 부르지 않고도 우화노인은 생색이
      나서 천고에 이름을 충분히 남길 수 있다.

---

11 '황하원상'은 조선 후기 가곡창을 대표하는 곡으로 여창 〈계면조 이수대엽〉에 속해 매우 느리게
    부른다. 그 노래 가사는 다음과 같다.

      황하원상(黃河遠上) 백운간(白雲間)하니 일편고성(一片孤城) 만인산(萬仞山)을
      춘광(春光)이 예로부터 못 넘나니 옥문관(玉門關)을
      어디서 일성강적(一聲羌笛)이 원양류(怨楊柳)를 하나니.

    신위는 기생들이 즐겨 부르는 이 노래를 특별히 애호하고 큰 의미를 부여했다. 1831년 6월에
    완성한 〈소악부〉 서문에서 신위는 수많은 명사의 가곡이 "설령 '황하원상'의 노래와 더불어 기방
    에서 우열을 다투지는 못해도 한 시대의 풍아를 기록하고 누락된 시가를 보충할 수는 있다(縱不
    堪與黃河遠上之詞, 甲乙於旗亭, 亦庶幾存一代之風雅, 補詩家之闕文)."라고 하여 기방에서 가장
    인기 있는 곡목으로 인정했다. 그리고 기생들이 이 곡을 부르는 예를 몇 편의 시에서 다루었다.

쾌재정

대동관

선화당

애련당

대동문

연광정

경파루

〈평양성도(平壤城圖)〉, 부분, 작가 미상, 19세기 후반, 96.4×44cm, 국립중앙박물관 소장
평양의 중심부 풍경을 그린 그림이다. 왼쪽에는 대동문과 그 뒤쪽의 애련당, 대동관, 쾌재정이 보이
고, 오른쪽 위로는 감영을 채운 많은 건물이 보인다. 아래로는 성곽을 따라 연광정과 경파루 일대가
보인다. 평양의 번화한 도심 풍경을 확인할 수 있다.

9.

수애

수애(繡愛)는 노래와 춤을 잘했다. 두 눈동자에는 가을철의 맑은 물결처럼 눈물이 넘실거렸다. 그러나 얼굴에는 마마를 앓은 흔적이 남아 있다. 대대로 기생 명부에 오른 집안 출신으로 자존심이 세어 상당히 도도하고 가볍게 손님을 접하지 않았다. 젊은이들이 이런 이유를 들어 그녀를 헐뜯었으나 이런 태도야말로 참으로 그녀의 장점이다.

◎   이것은 마마를 앓은 흔적을 두둔하는 것이 아닌가! 우화노인이 특별히 안목을 갖춘 대목이다.

10.

희임

희임(喜任)은 호가 반향실(伴香室)이다. 머리카락은 검고, 눈썹은 가늘고 길며, 살결은 발그레하다. 성정은 조용하고 온화하며, 부드러운 말투는 완곡하다. 평계(平溪) 선생[12]이 일찍이 그녀를 좋아하여 정을 붙였다. 그런데 얼마 지나지 않아 선생은 서울로 돌아갔다. 그 후 그녀는 달이 뜨는 밤이나 꽃이 피는 아침이면 아득하게 넋을 놓고 지냈다. 자신도 모르는 새 옷이 헐렁해지고 허리띠가 줄어들었다.

삼 년이 지난 뒤 평계 선생이 다시 평양에 이르러 전에 맺은 인연을 다시 잇게 되었다. 그날 밤 슬피 울며 몸부림치는 모습이 예전보다 훨씬 더했다. 한 해 남짓 되어 선생은 서울로 돌아가며 다시 오겠다는 약속을 남겼다. 그러나 약속한 기일이 지나도 선생이 이르지 않자 그녀가 선생의 소식을 묻기 위해 내가 머무는 숙소로 찾아왔다. 때마침 여러 명의 기생들이 손님과 더불어 바둑을 두거나 골패를 하면서 담소를 나누느라 와자지껄했다. 우연히 대화 중에 평계 선생에게 말이 미치자 그녀는 바로 장탄식을 몇 마디 뱉어내면서 눈동자에 눈물이 가득했으니 그녀가 정으로 똘똘 뭉친 여인임을 잘 알 수 있었다.

그녀는 가곡을 잘 불렀으나 뒤로 물러나 양보하며 노래를 잘 부른

---

12 평계 선생이 누구를 가리키는지 밝혀지지 않았다.

다고 내세운 적이 없었다. 검기(劍器)를 잘 추어 평양에서 최고로 인정받았다. 그녀가 높다란 누각에서 춤을 추고 난 뒤 홀로 아스라이 서 있는 모습을 바라보면 놀란 고니가 막 날아오르려는 태도가 나타난다.

◎　　　평계 선생을 위해서 완곡하게 옹호하려는 글쓰기가 많이 보인다.

《광여도(廣輿圖)》 중 '평양부' 지도, 부분, 1800년대 초반, 규장각 소장

평양부를 비롯하여 그 주변 산천과 지리를 개략적으로 그린 지도이다. 보통문 밖 서북 지역에 서시원
면(西施院面)은 인흥부(仁興部)에 속한 지역이다.

11.

죽향

죽향(竹香)은 죽엽(竹葉)의 동생이다. 나는 그녀가 그린 운치 있는 대나무 그림을 보았고, 또 동생의 재주와 미모가 빼어나다고 죽엽이 몹시 치켜세웠기 때문에, 그녀를 미처 보지 못한 것을 한스럽게 여기고 있었다. 그런데 길을 가다가 장경문(長慶門)[13] 밖에서 그녀를 우연히 만났다. 그녀는 다홍치마에 남색 저고리를 입고 옷자락을 나풀나풀거렸다. 조랑말은 우쭐대며 울고 향기 실은 먼지는 몰래 이는데 손님을 보고서는 미끄러지듯이 말에서 내려왔다. 그 말쑥하고 오묘한 자태가 사람의 마음을 움직였다.

◎　　　미끄러지듯이 말에서 내려온다는 세 마디에 죽향의 생기가 종이 위에 넘실거린다.

13　평양 남동쪽에 있는 성문으로 경파루의 오른쪽에 위치하고 대동강에 면해 있다. 장경문을 나서서 차례로 청류벽과 영명사(永明寺), 부벽루(浮碧樓)로 갈 수 있다.

열한 번째 평양 기녀로 소개한 죽향은 19세기 전반에 평양을 대표하는 유명한 예술가이다. 호는 낭간(琅玕)이다. 57~59쪽에서 이미 소개한 신광현의《경림》에서도 죽향의 미모와 묵죽 솜씨를 대단히 높이 평가하고 있다. 죽향은 1828년 9월부터 1832년 9월까지 평양 서윤(平壤庶尹)을 지낸 두포(荳圃) 이조영(李祖榮)과 사랑하는 사이였다. 두포가 호조정랑(戶曹正郎)이 되어 서울로 갈 때 그의 소실로 따라와서 이화장(梨花莊)에 머물렀다. 두포는 헌종이 즉위한 1834년 12월부터 승지를 지냈다. 죽향을 다룬 여러 글을 간추려서 다음에 간단하게 소개한다.

서울로 온 죽향은 묵죽화(墨竹畵)를 잘 그리는 기녀로 당대 최고의 학자와 예술가에게서 높은 평가를 받았다. 신위는 1832년에 〈죽향의 묵죽 횡간에 여죽계의 운자를 써서 붙이는 시 두 수(題竹香墨竹橫看, 用余竹溪韻, 二首)〉를 써주었고, 〈운초 여사가 낭간의 묵죽첩을 가지고 연천 판서를 통해 그 끝에 제사를 부탁하다(雲楚女史以琅玕墨竹帖, 屬淵泉尙書, 請余題卷尾)〉를 썼다. 추사(秋史) 김정희(金正喜) 역시 평양에 머물 때 〈평양 기생 죽향에게 장난삼아 주다(戲贈浿妓竹香)〉와 〈평양의 이소윤(李少尹)에게 장난삼아 바치다(戲奉浿城李少尹)〉, 〈그다음 날 이소윤이 또 죽정(竹幢)이 쓴 시를 가지고 이르다. 장난삼아 앞의 시운으로 다시 부치다(翌日又以竹幢題詩來到, 戲以前韻更寄)〉 등 여러 편의 시를 썼다. 여기서 이소윤은 이조영이고, 죽(竹)으로 표시한 별명은 모두 죽향을 가리킨다.

또 이만용(李晩用)은 〈승지 이조영이 죽희(竹姬)를 데리고 종산에서 샘물을 마시는 그림에 붙이다. 죽희는 묵죽을 잘 그리고 또 시를 잘 쓴다(題李承宣祖榮携竹姬鐘山飮泉圖, 竹姬善畵墨竹, 又能詩)〉 네 수를 썼고, 김대근(金

大根)은 〈낭간의 대 그림을 보고서 장난삼아 절구 한 수를 쓰다(見琅玕畵 竹, 戲題一絶)〉를 지었다. 그 밖에도 나기(羅岐)와 유재건(劉在建) 등이 그녀 에게 써준 시가 있다. 이조영의 영향력 탓에 더 큰 관심을 받은 점도 있기 는 하나 죽향의 명성이 1820~1830년대 평양과 한양의 예단에 화가와 시 인, 미인으로 널리 퍼졌음을 알 수 있다.

그중에서 신위의 〈죽향의 묵죽 횡간에~〉에는 다음과 같은 서문이 실 려 있다.

죽향은 평양의 구란(句欄, 기방)에 속한 여인이다. 이전에 평양 서 윤 두포 이조영을 좋아하여 그를 따라서 서울에 왔다. 대 그림 그리 기를 좋아하여 여러 번 내게 배우고 싶다고 했으나 내가 산중에 있어 서 뜻을 이루지 못했다. 지금 벌써 따로 좋은 인연을 맺었다고 한다. 두포가 이 권축(卷軸)을 보물로 여겨 한마디 부탁했다. 권축 안에는 원래 중국 선비 죽계 여원(余垣)의 제시(題詩)가 있다. 이것만으로도 후세에 충분히 전해지리라.[14]

죽향이 그린 대 그림은 현재 알려진 것이 없고, 국립중앙박물관에 열 폭과 세 폭으로 된 《화훼초충첩(花卉草蟲帖)》이 죽향 전칭으로 전하고 있 다. 죽향이 지은 시도 여러 편이 전하고 있다. 《풍요삼선(風謠三選)》에는 두 수가 실려 있는데, 그중에서 〈늦봄에 언니 구정도인에게 바치다(暮春, 呈女兄鷗亭道人)〉는 다음과 같다.

---

14 "竹香, 浿上勾欄中人, 前爲浿尹李荳圃所歡, 隨至京師. 性嗜畫竹, 屢擬擩香於余, 以余在山中不果, 今已別締良緣云. 荳圃實此橫看子, 要余言. 中原有華士余竹溪垣題句, 藉此, 亦足以傳後也."

웅어 잡는 철이요 누에 키우는 시절이라　　　鮂魚時節養蚕天

원근의 봄 산에는 아지랑이 퍼져 있네.　　　遠近春山摠似烟

병이 들어 봄이 벌써 저문 줄도 몰랐더니　　　病起不知春己暮

창 앞에선 복사꽃이 다 지고 말았구나.　　　桃花落盡小窓前

12.

진홍

진홍(眞紅)은 자가 원향(原香)이고 호가 함훈(含薰)이다. 뺨은 도톰하
고 눈썹은 구부러졌다. 예쁜 보조개가 광대뼈 밑에 있어 여린 정과
고운 자태가 말하거나 웃을 때마다 넘쳐난다. 그녀가 낮잠에서 막
깼을 때 발그레한 뺨에 봄기운이 일어 견딜 수 없이 애교와 고움이
나타난다. 흰 바람벽에는 옛사람의 대련(對聯) 한 쌍을 걸어놓았고,
서안 위에는 서보(書譜)와 화보(畫譜) 여러 함을 놓아두고서 만수향
(萬壽香)을 피워놓았다. 담담하게 화장하고 한가로이 앉아서는 붓을
쥐고 난(蘭)을 칠 때면 꽃과 잎이 보드랍고 아리따워 사람도 난초와
더불어 향기롭다.

◎   육조(六朝) 때의 화장기를 지우고 삼당(三唐) 때의 고아한 운치로 바꿔놓
        아서 두타(頭陀)[15]의 시 한 편을 그만두어도 헛되지 않겠네.

---

15 두타는 승려를 가리키는 말이다. 구체적으로는 북선원 소낙엽 두타(北禪院掃落葉頭陀)라는 자
호(自號)를 쓴 신위이다. 26~27쪽에 자세한 설명이 나온다.

13.

봉혜

봉혜(鳳兮)는 짙은 화장기를 모조리 지워 없애고 씩씩하게 대장부의 기상을 지니고 있다.

◎　　　이 접은 경희가 마땅히 한 수 양보해야 한다.

채봉

채봉(彩鳳)은 밝은 창가에 깨끗한 서안을 놓고 있다. 그림과 서책이 제자리를 가지런히 지키고, 티끌 하나 묻어 있지 않다. 말하고 웃는 모습이 담담하고도 우아하다.

◎ 　　　진홍과 소미의 풍모를 닮은 사람이다.

난혜

나이 어린 많은 기생이 다들 노래와 춤은 난혜(蘭蕙)에게 미치지 못한다고 인정했다. 나는 일찍이 그녀가 금초(金貂, 금과 담비 꼬리)로 만든 반비(半臂, 소매가 없는 짧은 겉옷)를 입고 강 위에서 썰매[16]를 빠르게 타면서 한창 즐겁게 노는 모습을 본 적이 있다. 그 풍모와 운치가 보는 이의 마음을 움직였다.

◎　　미끄러운 유리 위에 붉은 옥 같은 미인이 나타났으니 어떻게 우화노인이 주목하지 않을 수 있으랴?

16　썰매는 원문에서 빙상(冰牀), 즉 얼음을 지치는 널판이라는 말로 표현했다. 대동강에서 기생들이 썰매를 탔다는 기록은 오래전부터 등장한다. 박미(朴瀰, 1592~1645)가 1638년에 평양의 풍경을 묘사한 〈서경감술(西京感述)〉에도 기생들이 썰매를 타는 이야기가 나온다.

차앵

차앵(次鶯)은 대대로 기생 명부에 오른 집안 소생이다. 침착하고 차분하여 기방의 경박한 태도가 없고, 규방의 얌전한 여자로서 음식을 장만하고 집안 살림살이를 잘 돌본다. 집에 머물 때 입는 옷은 거칠고, 먹는 음식은 소박하다. 자신은 소탈하게 지내면서도 남들이 굶주리고 추위에 떠는 것을 보면 정성껏 은혜를 베풀어 옷을 벗어주고 음식을 양보하며 힘들어하는 낯빛을 전혀 나타내지 않는다.

◎   여자 가운데 맹상군(孟嘗君)이로군.[17]

---

17 맹상군은 중국 전국시대 말기의 공자(公子)로 제(齊)나라의 왕족이었다. 식객이 3,000명에 이르렀다고 할 만큼 천하의 인재를 후하게 대접한 인물로 명성이 높았다. 차앵이 여자로서 남을 위해 봉사하고 재물을 희사하는 정신을 높이 평가한 서술이다.

만홍

만홍(晚紅)은 난초와 대나무를 그리되 법도를 지니고 있다. 나는 경
파루에서 그녀를 우연히 만났다. 그때 석양은 살포시 누각 안을 엿
보고, 저녁노을이 자줏빛으로 끼어 있었다. 그녀는 난간에 기대어
긴 한숨을 내쉬면서 세월이 저녁 풍경과 같다고 슬퍼했다.

◎　　　우산(牛山)의 낙조는 본래부터 사람의 마음을 상하게 한다.[18]

18　우산은 제나라에 있던 산이다. 춘추시대 제 경공(齊景公)이 우산에 올라가서 노닐다가 해가 서
　　산에 지자 제나라를 바라보며 이렇게 말했다. "아름답구나, 내 나라여! 만약 옛날부터 사람이 죽
　　지 않았다면 과인이 어떻게 저 나라를 차지했으랴? 그러나 과인은 장차 저 나라를 버리고 어디
　　로 가야 한단 말인가!" 말을 마치고 엎드려서 옷깃이 젖도록 울었다.(《안자춘추(晏子春秋)》〈내
　　편(內)〉'간상편(諫上篇)')

대동문

연광정

1906~1907년 사이에 조선을 방문한 독일인 무관 헤르만 산더(Hermann Sander, 1868~1945)가 대동강 건너편에서 평양을 찍은 사진이다. 중앙 강변에 대동문과 그 옆에 연광정이 보이고, 강변에 배들이 늘어서 있으며, 새로 지어진 신식 건물들 사이로 주요 명소가 보여 크게 변화하는 대동강변의 모습을 확인할 수 있다.

18.

난임

난임(蘭任)은 태도가 얌전하고 몸가짐이 단아하여 명문가의 규수보다 더 낫다. 동무들이 그녀에게 이렇게 물은 적이 있다.

"언니는 나이가 서른 살[19]에 가까워가는데 어째서 홀로 살아요?"

그녀는 탄식하며 이렇게 대꾸했다.

"인생이란 틈으로 달리는 말을 보는 것과도 같고 아침 이슬과도 같아. 나는 규중 여자로 태어나지 못해서 정숙한 여자가 한 남자를 따르는 올바른 길을 좇을 수 없어. 그렇다고 답답하게 청춘을 슬퍼하며 한평생 묻혀 지낼 수야 없지 않겠어? 다만 남자들을 많이 겪어봤어도 내 마음에 드는 사람은 없었어. 그래서 그 사람을 기다리고 있을 뿐이야. 만약 마음에 둔 사람을 만나기만 한다면 그 사람이 원헌 같은 가난뱅이일지라도[20] 마땅히 몸을 던져 그를 섬길 거야."

◎ 　　어떻게 해야만 그녀가 마음속에 둔 사람이 될 수 있으려나. 한번 물어봐
　　　야지.

19　원문은 이모(二毛)로 서른두 살을 말한다. 보통 서른 살 전후를 가리킨다. 진(晉)나라 반악(潘岳)
　　은 〈추흥부서(秋興賦序)〉에서 "나는 서른두 살에 처음 흰머리가 나타났다(余春秋三十有二, 始見
　　二毛)."라고 했다.

20　원헌은 춘추시대 노(魯)나라 사람으로 공자의 제자이다. 몹시 가난하여 토담집에 거적을 치고
　　깨진 독으로 구멍을 내서 바라지 문으로 삼았으며, 지붕이 새어 축축한 방에서 바르게 앉아 금슬
　　(琴瑟)을 연주했다. 《장자(莊子)》〈양왕(讓王)〉

19.

영주선

영주선(瀛洲仙)은 가는 눈썹에 도톰한 뺨을 하고, 담박한 말투에 은근한 미소가 일품이다. 봄날 난간에 기대어 서글픈 표정으로 먼 곳을 바라보면 마치 누군가를 그리워하는 듯하다.

◎　　　뜻이 있는 듯 없는 듯한 사이에서 정을 묘사했으니 살아 있는 그림이다.

20.

초염

초염(初艶)은 용모가 화사하고 우아하다. 노래와 춤을 잘했고, 난초와 대나무를 잘 그렸다. 기생 명부에 속해 있던 예전부터 유명한 기생이다.

그녀가 한창 명성을 드날릴 때에는 장단을 맞추느라 참빗을 부수고 술을 쏟아 치마를 더럽히기도 했다. 몸에는 비단옷을 질리도록 걸쳤고, 입은 진수성찬을 물리도록 먹었다. 하루아침에 남편을 따르게 되었는데, 시집이 가난하여 삼베 치마를 입고 가시나무 비녀를 꽂은 채 몸소 우물물을 길어오고 부엌에서 음식을 만들었다. 하지만 그녀는 끝내 힘들어하거나 한스럽게 생각하지 않았다고 한다.

김공옥(金孔玉)은 문사이다. 내게 그녀의 사연을 상세하게 말해주었다. 그녀가 남편을 만나 살기 이전에 만나보지 못한 것이 한스럽다.

◎　　영웅다운 결말은 본래 이와 같다. 이와 같지 않다면 오강(烏江)에서 단번에 목을 찔러 죽을 뿐이다.[21]

21　영웅 항우(項羽)가 스스로 목숨을 버린 일을 말한다. 항우는 진(秦)나라 말엽에 봉기하여 서초패왕(西楚霸王)이 되어 천하를 호령했으나 결국에는 유방(劉邦)의 한나라 군대에 쫓겨 도망가다가 오강에 이르렀다. 거기에서 항우는 스스로 칼로 목을 찔러 생을 마감했다.《사기(史記)》권7, 〈항우본기(項羽本紀)〉

경희

경희(慶姬)의 자태는 남들에 비해 그다지 뛰어나지 않다. 하지만 이야기하고 웃는 모습에 맵시가 있다.

◎　　　이야기하고 웃는 사이에 은근히 나타나는 맵시가 때로는 아름다운 자태보다 낫다.

명애

명애(明愛)는 자가 약란(若蘭)이다. 그녀가 누군가를 배웅하며 지은 시에 이런 구절이 있다.

| 가려면 가세요. 평안히 가세요. | 去去平安去 |
| 길어요 길어요. 만 리는 길어요. | 長長萬里長[22] |

　당시에 재주와 미모가 출중하여 평양에 명성이 자자했다. 문 앞에는 수레와 말이 벅적대었고, 대청 위에서는 풍악 소리가 자지러졌다. 그러다가 하루아침에 기생 명부에서 빠져나와 남편을 쫓아 안릉(安陵)[23] 시골집에 머물면서 늙어 죽기로 기약했다. 그녀의 뜻이 가상하다.

◎　　　이 시구가 아름답지 않은 것은 아니다. 다만 천 명을 보내든 만 명을 보내든 모두 된다.

◎　　　영웅다운 결말이다.

22　長은 온전한 시의 각운으로는 맞지 않는다. 다른 문헌을 참고하면 多가 옳다.

23　안릉은 황해도(黃海道) 재령군(載寧郡)의 옛 이름이다. 명애가 낙향하여 산 곳은 황해도 재령군 감천리(甘泉里) 청수촌(淸水村)이다.

명애는 시를 잘 쓰는 기녀로 다른 호는 금수자(錦繡子)이다. 그녀가 지었다는 시는 1803년 사절단의 부사(副使)로 연경에 간 권상신(權常愼, 1759~1825)에게 준 것이다. 시의 제목은 〈판서 권상신을 보내며(別權判書常愼)〉로 온전한 시는 다음과 같다.

가려면 가세요. 평안히 가세요.	去去平安去
길어요 길어요. 만 리는 너무 멀어요.	長長萬里多
소상강의 달도 뜨지 않은 밤에	瀟湘無月夜
홀로 우는 기러기 울음 어쩌하나요.	孤叫雁聲何

이 시는 명애와 서어(西漁) 권상신과의 정 깊은 사연을 잘 보여준다. 서어는 1803년 부사로 연경에 갈 때 평양에서 명애를 만났다. 서어는 북경을 오간 사연을 시와 산문으로 〈연행기사(燕行記事)〉 11수를 썼는데, 평양의 큰 잔치 자리에서 명애를 만난 사실도 그 안에 들어 있다. 그때의 잔치는 평양 감사가 기생 60여 명을 모두 참석시킨 성대한 규모였다. 서어는 그 많은 기생 가운데 마음에 드는 기생이 한 사람도 없다고 아쉬워했는데, 그중에 다만 명애만은 용모가 그리 빼어나지 않아도 시재(詩才)가 있어 사랑스럽다고 했다. 서어를 따르던 명애는 연경으로 떠나는 그에게 위의 시를 지어 배웅했다. 이 시는 유명한 작품으로 인구에 회자되었다.

그로부터 이십이 년이 지난 1825년 서어는 이번에는 정사(正使)로 연경에 가게 되었다. 그때 재령에 살고 있던 명애와 다시 조우하게 된다. 명애를 만나고서 앞의 시에 차운하여 시를 써주었다. 그 시의 앞에 서문을 써서 명애와 만나고 헤어진 인연을 길게 밝혔다. 그 서문과 시를 부채에 쓰고 명애에게 건넸다. 그 내용을 모두 번역하여 다음에 수록한다.

옛날 계해년 겨울에 나는 부사로 연경에 갔다. 그때 금수자 명애가 나이 어린 시기(詩妓)로 평양 감영의 징청각(澄淸閣) 안에서 나를 만나 시를 지어 배웅했다. 내가 시를 보고 기특하게 여겨 사흘 밤을 자는 인연을 맺었다. 그로부터 몇 년 뒤 금수자는 화려한 생활을 싫어하여 기적(妓籍)에서 이름을 빼내고 자취를 숨겨서 소식이 묘연해져 어디에 숨어 사는지, 아니면 죽었는지 살았는지조차 알 수 없었다.

사촌 심응규(沈應奎, 자는 숙도叔道)가 황해도 재령의 원님으로 나갔다. 금수자가 본읍의 감천리 청수촌에 숨어 산 지가 오래되었는데 고을 원님이 나와 사촌인 것을 듣고서 연줄을 넣어 서신을 보내왔다. 지금 내가 정사로 또 연경에 가는데 금수자가 사촌의 뒤를 따라 봉산(鳳山) 동선관(洞仙館)으로 찾아왔다. 등불 아래 마주하여 옛날 일을 끝없이 말하노라니 어제 일처럼 또렷하건마는 벌써 이십이 년의 세월이 훌쩍 지나가버렸다. 저나 나나 쭈글쭈글한 얼굴에 머리가 하얘져 옛날 모습이 아니니 나도 모르게 서글퍼졌다. 수레 뒤에 태우고 함께 황강(黃岡)으로 가서 계해년 나를 배웅한 시의 운을 사용하여 부채에 시를 지어준다.[24]

너는 옛날 홍안의 어린 나이	爾昔紅顔少
나는 지금 백발이 많고 많구나.	吾今白髮多
서로 봐도 여전히 싫지 않나니	相看猶不厭
옛정만 한 것이 어디 있으랴?	其奈舊情何

한편 명애와 헤어져 연경을 가던 권상신은 요동에서 급서하여 시신으로 조선에 돌아오게 되었다. 그때 명애는 운구 행렬을 맞아 곡을 했는데 그 사연을 서어의 친구 연천(淵泉) 김이양(金履陽)이 글로 남겼다. 김이양이 십 년 뒤인 1835년 재령에 갔을 때 명애를 만나고서 시와 함께 서문에 쓴 것이다.

내 친구 서어 권상신 판서는 풍류를 즐겼는데, 특히 기녀들 가운데 글을 잘하여 빼어난 자를 밤낮으로 그리워했으나 그 비슷한 자도 얻지 못해 늘 아쉬워했다. 계해년(1803) 봄에 부사로 연경에서 돌아와서는 백설루(白雪樓)라는 호를 쓰는 평양 기생 명애가 이별하며 준 "변방의 구름 달 밝은 밤에, 홀로 우는 기러기 울음 어쩌하나요(塞雲明月夜, 孤叫雁聲何)."라는 시구를 외워서 전했다. 그 시구의 감정과 운치가 평범하지 않다고 극찬했다. 그로부터 이십여 년이 흘러 권 판서가 다시 연경에 사신으로 가다가 요양(遼陽)에서 사망하여 관에 실려 돌아왔다. 권 판서를 가까이에서 모신 관서 기생이 많지마는 길에서 기다리다 통곡하고 배웅한 자는 명애 한 사람뿐이었다. 내가 일찍이 평양에 들렀을 때 그 사연을 듣고 의롭게 여겼고, 판서를 향한 깊은 정을 특별히 기생이 지닌 사연에 탄복했다. 뜻밖에도 그

---

24 권상신, 《서어유고(西漁遺稿)》제3책 〈구정초(鷗亭草)〉, 규장각 소장 사본. "往昔癸亥冬, 余以副行人赴燕. 伊時錦繡子明愛, 以少年詩妓遇余於箕營澄淸閣中, 作詩送別, 余覽而奇之, 仍結三宿之緣. 其後數年, 錦繡子厭紛華, 除名妓籍, 斂影晦跡, 聲息漠然, 不知隱在何處, 存沒之如何. 沈從叔道應奎出宰載寧, 錦繡子隱於本邑甘泉里淸水村者, 已有年. 聞邑宰與我爲從, 因緣通書信. 今余以上行人又赴燕, 錦繡子隨沈從後來見於鳳山洞仙館. 燈下相對, 亹亹說昔年事, 宛如隔晨, 而倏已卄二星霜. 彼此鷄皮鶴髮, 非復是舊日客, 自不覺愀然傷心. 載後車, 偕之黃岡, 用其癸亥送別韻, 題扇以贈."

녀가 사는 곳이 이 지역에 있어서 나로 하여금 문득 늘그막에 만나 보도록 부추겼다. 비록 그녀의 용모와 옷차림은 벌써 시골 할머니가 되었으나 한가로이 앉아 평생을 말하는데 낭랑한 말소리가 즐거웠다. 또 글 상자에 보관해두던 서어의 부채를 보여주었다. 갑신년(1824) 연경에 갈 때 여행 중에 써준 글이었다. 전후의 사연을 대단히 자세하게 서술했고, 절구 한 수를 덧붙였다. 수백여 자의 글이 구슬을 꿴 것처럼 이어져 판서가 평소에 붓 가는 대로 마음 가는 대로 쓰던 것과는 달랐다. 그 부채의 글씨가 벗의 절필(絕筆)이라 나도 모르는 새 눈물이 흘러 옷깃을 적셔서 마치 산양(山陽)의 젓대 소리를 듣는 듯했다. 드디어 그 시의 운에 차운하여 시를 짓는다.[25]

내 친구의 천금 같은 글자들이여	吾友千金字
이 여인에게 써준 것이 많기도 하지.	爲娘亦已多
갈림길에서 한없이 눈물 흘리나	臨岐無限淚
지하에 누워 있으니 어쩌란 말인가?	其奈九京何

김이양은 친구와 명애의 사연에 감동하여 권상신이 써준 것처럼 사연

---

25 김이양(金履陽), 《김이양문집(金履陽文集)》, 국립중앙도서관 소장 사본. "吾友西漁權尙書, 風流自喜, 尤於粉黛中藻華秀出者, 有窈窕之思, 而常恨未得其彷彿焉. 癸亥春, 以副价自燕返, 誦傳浿城妓明愛號白雪樓者贈別詩: '塞雲明月夜, 孤叫雁聲何.'之句, 亟稱其情致不凡. 後二十餘年, 尙書重使燕, 卒于遼陽, 以襯返. 關西妓暱恃公者衆, 而要路慟哭而送者, 獨明愛一人焉. 于余嘗過浿上, 聞而義之, 亦嘆其相感者深, 別在煙花之外. 不意其居乃在此方, 使余忽漫相見於蛺蜒之景也. 雖其髮齒齒衣裙, 已成里嫗, 而亦能閒坐說平生, 琅琅可喜. 又出筬所藏西漁便面題贈示之. 盖甲申赴燕時, 送旅中所爲也. 序述前後事甚悉, 又係之一絕, 數百餘字, 累累如貫珠, 不類其平日信筆隨意者. 盖便是絕筆, 自不覺涕淚霑襟, 如聞山陽之笛也. 遂次其韻曰."

을 적은 글과 시를 써주었다. 친구의 생애 마지막 모습과 절필의 글씨를 보고 그도 감동하여 눈물을 흘렸다. 그가 지은 시 역시 명애가 처음에 쓴 작품에 차운한 것이다.

23.

일지홍

일지홍(一枝紅)은 눈동자가 샛별처럼 반짝이고, 눈썹은 봄의 산인 양 담담하다.[26] 강직하고 개결하여 속티가 나지 않고, 총명하고 영민하여 비교할 상대가 없다. 요리나 차에 관한 책에서부터 바둑 두고 골패하는 잡기에 이르기까지 오묘한 수준에 이르지 않은 것이 없다. 그녀가 일찍이 이렇게 탄식한 적이 있다.

"소첩이 기생 명부에 들어가 떠도는 것은 운명입니다. 그러나 천성이 뜻을 굽히거나 남에게 지지 못합니다. 기생들 틈바구니에서 부대끼며 살기는 해도 남들이 문에 기대어 손님을 기다리는 모습을 보면 저도 모르게 가슴이 떨리고 기가 꺾입니다. 제 마음에 드는 사람이 아니라면 아무리 황금 한 바구니와 진주 한 말을 들고 날마다 찾아와서 저를 유혹해도 어찌 제 마음이 흔들리겠습니까?"

◎   나를 대신하여 일지홍에게 말 좀 전해주게. 평소의 뜻이 참으로 기이하구나. 그러나 황금 한 바구니와 진주 한 말을 물리치는 일도 어렵단다.

---

26   위의 일지홍은 성천 기생 일지홍(一枝紅, 1761~1808)과는 동명이인이다. 성천 기생 일지홍은 시를 잘 짓는 여성 문인으로서 대단히 유명하여 시도 다수 남겼고, 많은 문인이 남긴 관련한 기록이 전해온다.

그대의 뜻을 채우려면 아무래도 지렁이가 된 뒤에야 가능할 뿐이야.[27]

---

27 중국 전국시대 제나라의 진중자(陳仲子)가 형이 준 녹봉과 저택을 모두 의롭지 않다고 하여 받
 지 않았다. 그의 처신을 두고 맹자(孟子)가 "중자가 어찌 청렴한 사람이 될 수 있겠는가? 중자의
 지조를 채우려면 지렁이가 된 뒤에야 가능하리라(仲子·惡能廉? 充仲子之操, 則蚓而後可者也)."
 라고 했다. 《《맹자(孟子)》〈등문공하(滕文公下)〉》

24.

향운

향운(香雲)은 용모가 단정하고 곱다. 내가 일찍이 그녀에게 고아한 곡의 연주를 한번 듣고 싶다고 했더니, 그녀는 잘하지 못한다고 사죄하며 완곡히 사양했다.

25.

천옥

천옥(天玉)의 눈썹은 먼 산에 잔잔한 물결인 양 고요하고 담담함이
사랑스럽다. 내가 주작교(朱雀橋)[28]로 찾아갔을 때 그녀가 억지로 담
소를 나누고 있지마는 수심에 찬 낯빛이 눈에 들어왔다. 나는 장난
삼아 이렇게 말했다.

"낭자, 혹시 정인과 헤어지기라도 했소?"

그녀가 미처 대꾸할 겨를도 없이 한 손님이 이렇게 말했다.

"당신은 사람의 속마음을 어쩌면 그리 귀신같이 알아맞힙니까?"

그 말을 듣고서 그녀는 환하게 웃었다.

◎   이와 같지 않다면 어떻게 우화노인이라 할 수 있나?

---

28   주작교는 문헌에 나타나지 않는다. 평양 내성(內城)의 남문이 주작문(朱雀門)이고 이 문을 나서
     중성의 함구문(含毬門) 쪽으로 가려면 주교(舟橋)를 건너야 하는데 이 주교를 가리키는 것 같다.

26.

단향

단향(丹香)은 눈치가 빠르고 총기가 있으며, 노래는 청아하고 춤은 묘하여 뛰어난 기생 가운데 하나이다. 예전에 한양과 송도 사이에서 노닌 적이 있었는데 꽃다운 명성이 자자했다. 내가 평양에 와서 세 번이나 그녀를 찾아갔지만 그때마다 외출하고 없어서 서글픈 심정으로 돌아와야만 했다. 하루는 우연히 청류벽[29] 아래에서 만났다. 손을 들어 몇 마디 나누었는데 달이 환한 밤에 연광정과 부벽루(浮碧樓) 사이에서 함께 놀자고 약속하고는 총총히 헤어졌다.

---

29 현재의 평양시 중구역 경상동 모란봉 동쪽 대동강 기슭에 있는 벼랑이다. 장경문에서 부벽루로 가는 강변에 푸른 낭떠러지가 깎아지른 듯이 서 있고, 바위 면에 '淸流壁(청류벽)'이란 세 글자가 큰 글씨로 새겨져 있다. 앞에 실린 이상적의 〈서〉에서 "유람하는 선비와 기녀 들이 청류벽에 이름을 많이 새긴다(士女遊者, 多勒名淸流壁)."라는 내용을 협주로 달았는데, 그처럼 벽면에는 많은 사람의 이름이 새겨져 있다. 이 언덕은 부벽루와 대동강을 연결하는 가장 아름다운 절벽으로 손꼽는다.

VIEW OF THE FAMOUS PLACE, HEIJYO.
(行發屋茶菜乙)　碧　流　清　(勝名壤平)
所名別の等士名官善來以古平

청류벽(清流壁), 사진엽서, 일제강점기 제작

부벽루 부근 대동강변의 명승으로 유명하다. 절벽 바위에 清流壁(청류벽)이란 거대한 글자가 세로로
새겨져 있다. 유람객이 그 주변 바위를 깎아 곳곳에 이름을 새겼다.

27.

차옥

차옥(車玉)은 살결이 희고 키는 늘씬하며 말은 호방하고 풍모는 의협(義俠)다웠다. 〈죽지사(竹枝詞)〉를 음송할 때에는 서수원창(西水院唱)[30]—원주: 평양의 시를 읊은 소리다—을 본받아 창했는데, 목청이 구성지고 맑아서 듣고 있노라면 넋이 황홀해졌다.

내가 동표루(東標樓)[31] 앞에 있는 객사에서 머물 때였다. 하늘이 흐리고 눈이 내릴 낌새라 바람은 불고 날씨는 추워서 나그네의 객수가 가슴을 저미었다. 그냥 동표루에 올라갔다가 담을 따라 가다보니 동쪽 수구(水口)의 옛 성 밑에까지 이르게 되었다. 그녀는 한창 병으로 누워 있다가 처음 손님과 자리를 함께했다. 용모는 단아했고, 말은 점잖았다.

---

30 차옥의 창법으로 말한 서수원창은 오로지 여기에서만 등장하는 말로 평양의 서도소리와 문학을 이해하는 데 중요한 의미를 지닌다. 역자의 판단으로, 이 말은 평양 서수원 지역에서 유행한 독특한 창법이라는 뜻으로 사용한 것이다. 서수원(西水院)은 서시원(西施院)의 다른 표기로, 평양부(平壤府) 서북부 지역에 설치한 인흥부(仁興部)에 속한 세 개의 방(坊) 가운데 하나로 평양성 밖에 있던 행정구역 이름이다. 《광여도(廣輿圖)》의 평양 지도에서 서북부 성 밖에 서시원면(西施院面)으로 표기된 곳이 바로 그곳이다. 따라서 서수원창은 평양의 서시원 지역에서 유행하기 시작한 서도소리 창법을 말한 것으로 추정한다.

31 동표루는 평양 내성의 성곽 위에 세운 누각으로서 보통 동포루(東砲樓) 또는 동포루(東炮樓), 동포루(東鋪樓), 동포루(東布樓)로 표기하는 누각의 다른 표기로 추정한다. 이 누각은 평양부 관아, 곧 이아(貳衙) 가까이에 위치해 있다. 옛 성곽을 따라 동쪽으로 올라가면 차례로 대동문(大同門)과 연광정, 신수구(新水口)와 지수구(紙水口), 장경문이 나온다. 그러나 누각이 무너져서 기단만 있고 문루(門樓)가 없는 암문(暗門)이다.

이윽고 술자리가 무르익고 밤을 알리는 종소리가 울리자 촛불을
켜고서 술을 계속했다. 그녀는 조심스런 태도를 툴툴 털어버리고 질
탕하게 담소를 나누었다. 그러다가 문득 정색을 하고서 이렇게 말을
꺼냈다.

"소첩이 예전에 이학사(李學士)를 쫓아 서울로 갔습니다. 화사한
저택의 수놓은 휘장 사이에서 명주 치마를 끌면서 부귀의 환락을 마
음껏 즐겼지요. 그러다가 다시 고향에 돌아와 이렇듯이 노류장화(路
柳墻花) 노릇을 하고 있답니다. 인생이 어찌 슬프지 않을까요?"

한참을 구슬픈 표정으로 있었다.

◎   영웅다운 결말을 맺지 못하고 패배의 국면에 크게 발을 잘못 들여놓고
서 탄식하다니 어찌 그리 늦은가? 거위가 끝내 물을 그리워한 것일 뿐
이다.

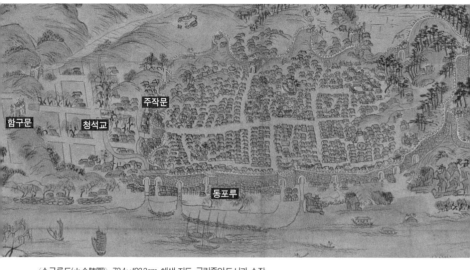

함구문　　청석교　　주작문　　동포루

〈소금릉도(小金陵圖)〉, 72.4×123.3cm, 채색 지도, 국립중앙도서관 소장

평양 전경을 회화식으로 아름답게 그린 채색 지도로 특히 서남부 지역의 동포루 일대, 함구문과 청석교, 주작문, 그리고 이아(貳衙)가 자세히 그려져 있다. 화려한 색채로 평양을 그렸는데, 평양이 중국의 아름다운 도시 금릉(金陵), 곧 남경(南京)과 같다 해서 소금릉이라 했다. 평양을 남경과 견주어보려는 의식을 잘 보여준다. 그림에는 중성과 외성에 성곽이 세워져 있지 않고, 내성의 옛 성곽만 그려져 있다. 중성은 1733년 이후에나 축조되므로 그 이전에 그려진 그림으로 추정한다.

28

벽도홍

벽도홍(碧桃紅)은 몸가짐이 다소곳하고 태도가 얌전하며 말을 온화하면서도 민첩하게 했다. 타고난 기질이 매인 데가 없고 교태를 부리지 않았다. 그녀는 《시경(詩經)》의 〈칠월편(七月篇)〉과 〈등왕각서(滕王閣序)〉, 〈적벽부(赤壁賦)〉를 음송했는데 운치가 있고 가락이 잘 꺾여서 들을 만했다.

◎　　어엿한 학생 모습이로군.

29.

경패

경패(瓊貝)의 첫 이름은 금선(錦仙)이다. 풍모와 자태가 화사하고 우아하다. 열 살 때부터 노래를 잘 불러 마치 새끼 꾀꼬리가 재잘대는 듯했다. 호리호리한 몸을 일으켜 춤을 추고 나풀나풀 좋아하면서 악사를 돌아보고 "제 춤이 가락에 맞아요?"라며 물었다.

그녀는 열세 살 때 스스로 분발하여 말했다.

"내 고장이 큰 도회지이기는 하지만 견문을 넓히지 않는다면 끝내는 촌스러움을 면치 못할 거야. 그래서야 어떻게 한세상을 압도할 수 있겠어?"

드디어 언니와 함께 경성에 들어가서 한 시대의 뛰어난 기생들을 마음껏 구경하고 이원(梨園)[32]에서 새로 창작한 많은 곡을 모사하여 익혔다. 돌아가는 길에는 송도를 들러서 풍류를 아는 시인들과 함께 천마산에 오르고 박연폭포도 구경하여 흉금과 안목을 장쾌하게 넓혔다. 평양에 돌아오자 노래와 춤 솜씨가 크게 진보하여 명성이 대단히 자자했다.

나는 옛날 검은 머리가 치렁치렁하던 때 그녀를 보았는데 어린 나이임에도 불구하고 행동거지가 벌써 대가의 풍모를 갖추고 있었다.

---

32 이원은 장악원(掌樂院)의 다른 이름이다. 정규적으로 음악을 연습하는 이유이악식(二六肄樂式)에는 기녀들과 관람객들이 구름같이 모여들었다.

그 뒤 채하산장(綵霞山莊)의 꽃구경 모임에서 다시 만났는데 봉황이 넘나들고 고니가 훌쩍 나는 듯한 남다른 자태로 의젓하게 성장해 있었다.

　지금 또 평양에 와서 그녀를 찾아보니 벌써 순찰사(巡察使, 관찰사) 상공(相公)의 사랑을 독차지한 총희(寵姬)가 되어 있었다. 그사이에 한 번 그녀의 집 앞을 가보니 옛날의 몇 칸 되던 초가집은 벌써 으리으리한 대저택으로 바뀌어 있었다. 무늬가 박힌 창문과 수놓은 병풍, 가야금 얹힌 평상과 서책이 펼쳐진 서안이 가지런하고도 정결하게 놓여 있었다. 내가 처음 보았을 때와 견주어보면 다섯 해 사이에 풍경이 이렇게나 달라졌다.

◎　　　　열 살에 벌써 도도했다니 비범함을 잘 형용했다.

◎　　　　노래와 춤이 어떻게 크게 진보하지 않을 수 있으랴. 행동거지와 언어, 의복과 제도 또한 틀림없이 크게 진보했겠지.

녹과잡기

丙申秋遊安州有妓名瑗佩甚有姿慧一攜百祥之月

酒半忽話舊飲涯言卑是箕城生也同坊英姬竹香滿

洲月皆玲以色藝英妙忽寫蘭談今噴人香善竹畫工

州隷洲月眼光燭座眉驚學画妄略今噴曲噎氷曲亦以情膓

鄕人親古譎故月則已屬灣府無万識水鄕之味鄕懷不喪

稱今英与竹俱已鉛華全歇然猶有水鄕之味鄕懷不喪

秋雲春仲明光將不夜于邱野婵在寓時最少又此渝

不自膝余亦感焉為之添酒且賦贈小詩数首以樋之

落紅柿緑時夢啼粒泪而已因唱自獻時採数腔掩柳

後数年友人壁間見蘭竹小簇配以瘦石欹變美香

〈두과검존(蠹裹檢存)〉,《경림(瓊林)》, 신광현(申光顯) 저, 국립중앙도서관 소장

1836년 평안도 안주의 유명한 누각 백상루에서 평양 기방 출신의 기생 경패가 친구였던 영희(56쪽), 죽향(70쪽), 만주월이란 세 명의 평양 기생을 추억하고 사연을 들려준다. 자신이 지은 시조를 부르고 눈물을 흘리는 장면이 기생의 인간적 애환을 서럽게 보여주고 있다.

30

패성춘

패성춘(浿城春)은 스무 살 전후의 아리땁고 멋진 기녀로 부용꽃이 막 핀 듯 향기로운 기운이 온 좌중을 뒤덮는다. 내가 비자전동(篦子纏洞)[33]에 있는 그녀를 찾아갔을 때는 마침 달이 환한 밤이었다. 주렴을 걷고 들어가니 그녀는 물끄러미 앞을 보고 단정하게 앉은 채 하늘 높이 뜬 구름처럼 미동도 하지 않았다. 잠시 뒤 현악기와 관악기가 번갈아 울리고 청아한 노래가 대들보를 싸고 울렸다. 그날 그 자리에는 최원경(崔元卿)의 노래, 홍한조(洪漢祚)의 요고(腰鼓), 김자열(金子烈)의 피리, 박을축(朴乙丑)의 퉁소, 김창렬(金昌烈)의 거문고가 함께 있었다. 모두 음악으로 관서 지방에서 독보적인 명성을 누리는 악사들로서 한 시대 최고들이 모인 자리였다.

◎　　　완연하게 《판교잡기(板橋雜記)》의 한 대목을 보는 듯하다.[34]

33　정확한 위치는 알 수 없다. 참빗을 파는 가게가 있었던 동네로 추정한다.

34　《판교잡기》 중권 〈여품(麗品)〉에서 소개한 이대랑(李大娘)이 여러 악사나 압객(狎客)과 함께 밤새도록 음악을 연주하는 장면을 말하는 것으로 보인다.

31.

운무선

운무선(雲霧仙)은 천연덕스럽고 곱상하며 수려하다. 골패에 솜씨가
있어 잠깐 눈길만 스쳐도 한 판의 성패를 알아차렸다.

◎　　　기발한 재주다.

32.

화월

화월(花月)의 첫 이름은 보패(寶貝)다. 그녀를 처음 접할 때는 낯빛이 점잖아서 범접할 수 없다. 그러다가 은근한 시선을 살짝 움직이면 말을 건네도 좋다. 나이가 어려도 재주가 있고 슬기로워 노래와 춤이 모두 아주 뛰어나다.

일찍이 달빛이 휘영청 밝은 봄날이었다. 그녀는 손으로 비단 주렴을 걷어 달빛을 방 안으로 끌어들였다. 감정을 주체하지 못하고 쓸쓸해하던 그녀는 나를 보고는 몹시 기뻐하며 말했다.

"달은 밝고 바람은 맑아요. 이렇게 좋은 밤에는 어떻게 해야 좋지요?"

그래서 함께 대동문(大同門) 성루로 올라갔다. 성안의 큰길은 숫돌로 간 듯 반듯하고, 대동강 물빛은 깁을 펼쳐놓은 듯했다. 그녀는 쪽진 머리에 꽂은 은비녀를 뽑아서 난간을 두드려 장단을 맞추며 노래를 불렀다. 노랫소리는 구슬을 꿴 듯 치렁치렁 이어져 반공(半空)에 날아 올라가 감돌았다. 모래밭의 갈매기는 깜짝 놀라 날아오르고, 지나가던 구름도 멈추어 노래를 들었다.

그 자리에는 범자(范者)라는 아이가 있었는데 퉁소를 잘 불었다. 아이에게 '청상세엽(淸上細葉)'35을 불도록 하고 그녀는 다시 노래를 불러 화답했다. 그때 밤은 벌써 깊어 온갖 소리가 다 사라져 고요했다. 다만 홀로 성곽 발치의 깎아지른 벼랑 밑에 배 한 척이 외롭게

녹파잡기

정박해 있었는데, 배 안에는 머리가 허연 어부가 있어 밤이 이슥토록 잠자지 않다가 벌떡 일어나 너울너울 춤을 추었다.

◎　　　그리기를 그림과 같이 했다.

◎　　　우화노인은 이날 밤 정말 적막하지 않았으리라.

◎　　　원나라 화가의 화본(畫本)과 같이 황량하고 쓸쓸한 분위기에 기탁했네.

◎　　　대동강 가의 어부라야 이렇게 할 수 있다. 한강의 어부는 이해할 수 없지.

35　곡조의 이름으로서 맑고 높은 소리로 연주하는 '청성삭대엽(淸聲數大葉)', 즉 '청성자진한잎'과 유사한 곡조로 추정한다.

난영

난영(蘭英)은 아리땁고 여러 사람과 잘 어울리지 않는 성미를 갖고 있다. 또한 기이한 기호품을 좋아하는 성품을 지녔다. 나에게 종유석이 있었는데 구멍이 숭숭 뚫려 바람이 시원하게 통했다. 그녀는 제 발로 나를 찾아와 간절하게 달라고 하면서 재삼 부탁하고도 물러서지 않았다. 그녀의 남다른 벽(癖)을 얼추 알 만하다.

◎   종유석이 춤추는 난새를 새긴 경대나 잠자는 오리 모양의 향로[36]와 무슨 상관이 있을까? 미인은 이런 특별한 벽(癖)을 가져서는 안 되지.

---

36   경대나 향로는 여성의 일상용품이다. 이상은(李商隱)의 〈촉루(促漏)〉에 "춤추는 난새를 새긴 거울 갑에서 남은 눈썹먹을 거두고 잠자는 오리 모양의 향로에서 저녁 향을 바꾼다(舞鸞鏡匣收殘黛, 睡鴨香爐換夕熏)."라고 했다.

경연

경연(輕燕)은 복사꽃처럼 얼굴이 발그레하고 요염하며 세련되기가 무리에서 으뜸이다. 노을빛 치마는 바람에 살랑살랑 나부끼고, 구름 같은 머리는 우뚝 치솟았다. 용모가 아름답고 말투가 부드러워 사람들이 예쁘게 여겨 보살피고 싶은 생각이 저절로 들도록 만든다. 언젠가 그녀가 의자에 걸터앉아 한 남자가 버선을 신기도록 하는 장면을 본 적이 있는데, 그녀의 몸가짐에는 귀족다운 풍모가 절로 나타났다.

◎   왕씨(王氏)와 사씨(謝氏) 집안 자제들은 설령 몸가짐이 단정하지 않더라도 일종의 풍모와 기상을 절로 가지고 있다.[37]

---

37 왕씨와 사씨는 중국 육조시대(六朝時代)의 대표적인 귀족 명문가로, 후대에는 귀족 문벌을 상징한다. 남조(南朝) 양나라 원앙(袁昂)의 《고금서평(古今書評)》에서 왕희지(王羲之)의 글씨를 평한 말에 "왕희지의 글씨는 마치 사씨 집안 자제들과 같아서 설령 몸가짐이 단정하지 않더라도 일종의 풍모와 기상이 나타나 출중하다(王右軍書如謝家子弟, 縱復不端正者, 爽爽有一種風氣)."라는 것에서 가져왔다.

패옥

패옥(佩玉)은 용모가 국화 꽃잎 같아 담담하게 빛난다. 가냘픈 몸매로 오뚝하게 서고, 가는 허리는 한줌밖에 되지 않는다. 가슴속에는 혼자만의 특출한 면을 품고 있어 같은 부류의 기녀를 달갑게 여기지 않는다.

그녀의 수양어머니(假母)[38]는 성격이 괴팍하고 술을 너무 즐겼는데 그녀를 혹독하게 꾸짖어 하루도 그냥 넘어가지 않았다. 그녀는 뜻을 굽혀 받들었으나 끝내 구박을 당하다 집에서 내쫓겼다. 그녀는 머리 장식과 화장품을 비롯한 온갖 물건을 모두 빼앗겼고, 외톨이라 갈곳이 없었다. 한 해 남짓 지나서 그녀는 살 집과 가재도구, 머리 장식과 화장품 따위를 번듯하게 새로 장만했다. 남들이 수양어머니를 비난해도 그녀는 두둔하며 끝내 원망하는 내색을 하지 않았다.

◎　　　국화 꽃잎 같다는 평에 벌써 지극한 효녀의 본색을 갖추고 있다.

◎　　　그 집에 있을 때 뜻을 굽혀 받들기는 쉬울지 몰라도 집 밖으로 나온 뒤에 원망하는 내색을 하지 않기는 아주 힘든 일이다.

38　수양어머니는 기생 어멈으로 보모(鴇母)라고도 한다. 일종의 대모(代母)로 나이 든 퇴기(退妓) 등이 어린 여자아이를 기생으로 교육시키고 손님을 주선하는 등 기방의 운영을 책임지는 역할을 했다.

36.

화심

화심(花心)은 천연덕스러울 뿐 꾸민 모습이 없다. 그 어머니는 베로 만든 치마로 겨우 정강이를 가릴 처지이면서도 여전히 손님을 위해 술을 장만하여 정성껏 대접한다. 그 어머니가 하는 말은 이렇다.

"집안이 가난하여 딸자식을 무리 속에서 훌쩍 솟아나도록 보살피지를 못한답니다. 이름난 꽃이 막 피어날 때 꽃샘추위가 봉오리를 꽉 닫아놓은 꼴이라 활짝 무성하게 피어나기를 바라기가 어렵습니다."

그러면서 한참 탄식한다.

◎　　술을 장만하여 손님에게 정성껏 대접하는 것, 이것은 일종의 송아지를 핥는 어미 소의 마음이다.

삼앵

삼앵(三鶯)은 화사한 얼굴에 생기가 넘치고, 교만한 태도에 거침이 없다. 짓궂게 농담하고 도도하게 비웃는 모습이 마치 큰 부잣집 자제 같다.

◎   삼앵은 또 경연(輕燕)과는 다르게 묘사했구나. 교만하고 귀티가 나기는 똑같아도 한 가지로 보아서는 안 된다.

38.

금지옥

금지옥(金枝玉)의 수그린 트레머리는 안개가 뭉게뭉게 낀 듯하고, 가는 허리는 바람이 불면 흔들릴 듯하다. 수려한 용모는 담담하다. 말도 하지 않고 웃지도 않는 모습은 그림 속 인물인 듯하다. 나는 일찍이 길게 뻗은 도로에서 달빛을 받으며 걸었다. 그녀의 문 앞을 지나갈 때 현악기와 관악기를 연주하는 소리가 바람결에 실려서 날아와 들렸다. 이야말로 진정 "푸른 창 붉은 지게문, 자지러지는 풍악 소리"[39]라는 풍경이었다.

◎ 　　길게 뻗은 도로에서 달빛 받으며 걷는 것이 푸른 창 붉은 지게문 안에 있는 사람보다 더 낫다.

39　고려 인종 때 시인 정지상(鄭知常)이 지은 〈서도(西都)〉의 한 구절이다. 171쪽 참조.

봉루월

봉루월(鳳樓月)은 방긋하고 한번 웃으면 보조개가 파이면서 교태가 피어나니 진정 아름다운 여인이다. 무료할 때면 객사에서 골패를 두곤 했는데 그녀 역시 때때로 찾아와서 만났다. 하루 종일 내기에 지더라도 부끄러워하는 낯빛이 없었다. 어쩌다가 내기에 이겨도 그다지 낯빛을 바꾸지 않았다. 흉금이 툭 터진 여인임을 알 수 있다.

40. ————————————————————————

향옥

향옥(香玉)은 부드럽고 포근하여 봄날과 같다. 난초나 사향 같은 일
종의 향기가 사람에게 사르르 풍겨온다.

명주

명주(明珠)가 노래를 부르면 들보에 쌓인 먼지가 흩날리고, 그녀의 춤은 숲속을 스쳐 나는 제비보다 날렵하다. 또한 교태 있고 세련되면서도 대단히 경쾌하다. 어릴 때부터 재주와 미모가 모두 뛰어나 명성을 독차지했다.

내가 일찍이 여관에 머물 때 겨울밤은 쓸쓸하고 맑으며, 환한 달은 달빛을 드리웠다. 그녀를 불러다 철사금(鐵絲琴)[40]을 연주하게 했다. 섬섬옥수가 오가며 향나무 술대[41]로 딩동당동 울리자 마치 구슬이 튀듯 물방울을 뿜어 계곡 사이에 흩뿌리는 듯했다.

◎   "겨울밤은 쓸쓸하고 맑으며, 환한 달은 달빛을 드리웠다."라는 표현은 옛사람의 성어(成語)와 다름이 없으나 철사금에 바짝 붙여서 쓰니 대단히 오묘하다.

---

40 철사금은 양금(洋琴)으로 선교사 마테오 리치(Matteo Ricci, 1552~1610)가 중국에 처음으로 전했다. 조선에는 영조 때 북경에 다녀온 사신을 통해 전해졌고, 홍대용과 김억 등이 연주법을 배워 널리 퍼뜨렸다.
41 향나무 술대의 원문은 향발(香撥)로 용향발(龍香撥)의 줄임말이다. 비파 같은 현악기를 탈 때 쓰는 술대로, 용향은 좋은 향나무로 만든다.

〈평양감사향연도(平壤監司饗宴圖)〉 중 '부벽루연회도', 71.2×196.6cm, 지본담채, 국립중앙박물관 소장
김홍도가 그린 그림으로 알려졌다. 군사들이 도열한 부벽루 앞마당에서 수십 명의 기생이 양편에 줄
지어 앉아 있고, 그들 일부가 처용무와 검무 등을 추고 있다. 평양 감사나 평양 서윤 등의 행사에는 기
생들이 동원되어 가무를 연행했는데 그중 한 장면이다.

국희

국희(菊姬)는 영희(英姬)의 동생으로 호는 담향관(澹香館)이다. 꽃처럼 반짝반짝하고, 옥(玉)처럼 반들반들하다.

◎   도리어 "부드럽고 포근하여 봄날과 같다."는 향옥의 네 마디 말과 같다.

43.

취란

취란(翠蘭)의 피부에는 맑고 찬 옥돌이 비치고, 손가락은 가는 파처
럼 섬세하며, 몸은 옷을 견디지 못할 만큼 가냘프다. 담박하고 물욕
이 없어 남들은 화장품이나 사치품을 앞다퉈 추구해도 그녀만은 홀
로 손을 떼고 있다. 사람들이 이익으로 유혹할 때도 그녀는 반드시
완곡한 말로 물리치는데 천성이 본래 그렇다.

◎   또 한 사람의 봉루월이로군.

44.

춘심

춘심(春心)의 분칠한 뺨은 뽀송뽀송하고, 하얀 치아는 눈부시다. 정을 머금고 돌아보며 웃을 때에는 화사한 아치가 물씬 풍긴다.

◎　　　정을 머금고 돌아보며 웃는 것은 모양을 묘사한 것이 아니라 맵시를 묘사한 것이다. 그러나 모양은 맵시 가운데 나타나니 또 한 사람의 희임(戱任)이다.

45.

초운

초운(楚雲)은 본래 덕천군(德川郡)의 기생 명부에 속해 있었다. 대산 (大山) 선생[42]이 예전에 그녀를 보고 좋아했다. 그때 그녀의 나이는 열다섯 살로 아직 초경(初經)도 겪지 않았다. 대산 선생은 덕천을 떠날 때 그녀에게 다음 시를 주었다.

명화는 곱고 예뻐 봉오리가 더디 맺으니	名花嬌艶晚胚胎
밤새 부는 동풍에도 죽어라고 피지 않네.	一夜東風苦未開
꽃 피는 봄 너무 빨리 찾아왔나 자탄한들	自恨芳春尋太早
훗날에 다시 오마 약속이야 어이하랴?	那期他日必重來
세월은 마구 흘러 기다리기 어렵거늘	光陰冉冉難相待
벌과 나비 펄펄 나니 누가 감싸 보호하랴?	蜂蝶紛紛肯護回
하물며 도원에서 가는 길을 잃었으니[43]	況是桃源迷去路
그 누가 때를 맞춰 꽃피도록 장구를 칠까?[44]	誰將羯鼓及時催

그녀는 시를 받은 이후로는 문을 닫아걸고 손님을 사절했다. 대산

---

42 대산 선생은 19세기 전반에 활동한 여항시인 오창렬(吳昌烈)의 호이다. 자가 경언(敬言), 호가 대산(大山) 또는 우매도인(又梅人)이고, 본관은 해주(海州)이다. 저명한 시인으로 만년에는 의술을 공부하여 내의원에 들어가 임금의 총애를 받았다. 과천 현감을 지냈고, 두 차례 청나라에 다녀왔다. 문집에 《대산시초(大山詩鈔)》가 있다.

선생을 찾아가려 했으나 집안사람들이 막는 바람에 뜻을 이루지 못했다. 그렇게 울적하게 지내던 중 대산 선생이 평양에 머물고 있다는 소식을 듣고서 그녀는 벌떡 일어나 관청에 호소하여 평양으로 옮겨 배속되기를 자원했다. 그녀가 대산 선생을 만나자 품 안에서 예전에 받은 시고를 꺼냈는데 종이에 보풀이 뽀얗게 일어 있었다. 대산 선생이 어여쁘게 여겨 그녀만을 총애했다.

---

43 도원은 초운과 만나 시를 준 장소로 바로 덕천군의 객사 도원관(桃源館)이다. 소식(蘇軾)의 사(詞) 〈도원에서 옛 사람을 추억하다(桃源憶故人)〉의 내용과 관련이 있다.

화서의 꿈을 깨니 그 사람은 어디로 갔나	華胥夢斷人何處
붉은 나무에서 꾀꼬리 울음만 들린다.	聽得鶯啼紅樹
몇 점 장미는 향기로운 비에 지고	幾點薔薇香雨
적막하여 뜰로 향한 창문 닫는다.	寂寞閑庭戶
따뜻한 바람이 꽃을 잡아두지 못하니	暖風不解留花住
조각조각 무수히 사람에게 달라붙는다.	片片著人無數
누대에 올라가는 봄 바라보다가	樓上望春歸去
방초에 돌아가는 길 잃었다.	芳草迷歸路

44 장구는 곧 말가죽으로 메운 갈고(羯鼓)이다. 당 현종(唐玄宗)이 이른 봄에 정원에서 버들개지와 살구꽃의 봉오리가 막 터지려는 것을 보고는 갈고를 가져오게 하여 곡을 연주하자 꽃봉오리가 바로 다 터져버렸다. 초운이 빨리 성숙하기를 바라는 마음을 표현했다.

녹파잡기

대산은 19세기 전반에 활동한 여항시인 오창렬(吳昌烈)이다. 오창렬의
《대산시초(大山詩鈔)》(서울대학교 도서관 장서) 권7에는 이 시가 〈덕천군의
도원관에서 장난삼아 설아(雪兒)에게 주다. 군의 기생 이화춘(梨花春)은
자가 설아다(桃源館德川, 戲贈雪兒. 郡妓梨花春, 字雪兒)〉라는 제목으로 수록
되어 있다. 초운이 곧 설아임을 알 수 있는데, 설아가 나중에 초운으로 개
명한 것으로 보인다. 오창렬은 뒤에 다시 〈별시(別詩)〉 다섯 수를 썼는데
설아를 남겨두고 떠날 때 지어준 작품으로 보인다. 그중 첫 번째 시는 다
음과 같다.

옅은 남색 비단 치마 눈빛에 어른대고	澹碧羅裙照雪光
등 돌리고 말없이 화장 위에 눈물 쏟네.	背人無語泣殘粧
섬섬옥수 내둘러서 어서 가라 재촉하니	只揮纖手催行色
떠나는 임 마음 아플까 걱정하며 보내누나.	怕遣征夫別意傷

닥쳐온 이별에 아무 말 없이 눈물만 흘리다가, 길을 떠나는 남자가 자
신과의 이별에 마음이 아플까봐 오히려 울음을 참으며 어서 가라고 손을
내젓는다. 마치 김소월의 〈진달래꽃〉의 이별 장면과 같다. 시에서 눈빛[雪
光]은 설아(雪兒)를 은유하고 있다. 네 번째 시에도 눈[雪]이 등장한다.

46.

국심

국심(菊心)은 살결이 우윳빛으로 보드랍고, 성품이 순수하고 진실하여 맑은 국이나 정화수 술[45]과 같은 맛이 있다. 노래와 춤을 잘한다.

◎　　　맛없는 맛을 맛본다는 것[46]이 문자에도 간혹 있다. 그러나 남자는 어떻게 움직일까? 내가 다른 주제로 옮겨본 말에 시험 삼아 답해보게.

---

45 '맑은 국이나 정화수 술'의 원문은 '대갱(大羹)과 현주(玄酒)'이다. 대갱은 제사에 쓰던 고깃국으로 소금이나 양념을 전혀 섞지 않은 순수한 국이다. 현주는 고대에 제사 때 술 대신 쓰던 깨끗한 정화수를 말한다. 소박하고 순수한 것을 가리킨다.

46 소식의 〈약송(藥誦)〉에 "거사가 노래하여 답한다: '일 없는 일을 일삼으면 모든 일이 다스려지고 맛없는 맛을 맛보면 다섯 가지 맛이 갖춰지네'(居士則歌以答之曰: '事無事之事, 百事治兮; 味無味之味, 五味備兮)."라고 한 데서 나온 말이다.

47.

초제

초제(楚娣)는 다른 이름이 초운(楚雲)이고, 자는 조향(朝香)이다. 통통하고 맵시가 있으며 명랑하고 슬기롭다. 시선을 던지는 눈빛이 반짝반짝 빛난다.

그녀가 겨우 열한 살일 때 소윤(少尹)[47]과 함께 성곽을 따라 놀러 나갔다. 마침 비가 새로 내려 길이 진창이었다. 그녀의 뾰족한 가죽신이 작아서 발이 가시에 찔린 듯 아팠다. 성가퀴에 기대어 우두커니 선 채 어떻게 해야 할지 몰랐다. 그때 더벅머리 어린 소년이 지나가다가 왜 그러냐고 물었다. 그녀가 사실대로 말했더니, 소년은 바로 청사(靑絲) 가죽신을 벗어 그녀에게 주고는 저는 맨발로 가버렸다.

저녁에 그녀는 집에 돌아와서 제 손으로 가죽신을 열 번이나 싸고 소년의 성명을 수소문하여 새겨 간직해두었다. 어머니가 까닭을 묻자 그녀는 이렇게 답했다.

"오늘 행차에서 이 가죽신이 아니었다면 시간에 맞춰 가지 못했어요. 시간에 대지 못했다면 관장에게 죄를 얻었을 텐데 그 죄가 가볍

---

47 조선시대 평양에는 최고위직으로 평안도 관찰사 겸 평양 부윤(平壤府尹)이 있고, 그다음 직책으로 평안도 도사(平安道都事)와 평양 소윤(平壤少尹)이 있었다. 소윤은 종사품(從四品) 관직으로 서윤(庶尹)이라고도 불렸다.

지 않아요. 저 소년은 평소 알던 사이가 아닌데도 남이 당한 곤경에 이렇듯이 도와주니 그 사람됨을 알 만해요. 제가 비록 어리지만 처녀의 몸으로 다른 사람의 신을 받아 제 발에 한번 신었어요. 의로운 행동을 잊어서는 안 되고 여인은 행실을 바꿔서도 안 되지요. 앞으로 인연을 맺는다면 분명히 이 소년일 거예요."

그녀는 어린 나이에도 뜻이 이와 같았으니 참으로 훌륭한 여인이다. 어린 소년의 이름은 괴불(怪不)이고, 나이는 아홉 살이라 한다.

◎　　　천고의 기이한 이야기다.

◎　　　청사 가죽신을 싸고 이름을 새겼으니 초제의 사람됨을 알 만하다. 기이하도다, 기이해!

◎　　　한번 우화노인의 붓을 거치니 아홉 살 괴불이 천고에 불후하게 되었다.

48.

능연

능연(凌烟)은 난초처럼 향기롭고, 옥처럼 반들거린다. 밝은 노을빛이 뺨에 발그레 어린다. 그녀가 기생들 틈에 섞여 앉아 있으면 불쑥 도드라져 심오하고 오묘했다.[48]

---

48 "불쑥 도드라져 심오하고 오묘했다."의 원문은 "초초현저(超超玄著)"이다. 유의경(劉義慶)의 《세설신어(世說新語)》〈언어(言語)〉의 "내가 왕안풍과 더불어 연릉계자(延陵季子)와 장자방(張子房)을 이야기했는데 또한 불쑥 도드라져 심오하고 오묘했다(我與王安豐說延陵·子房, 亦超超玄著)."에서 나온 말이다.

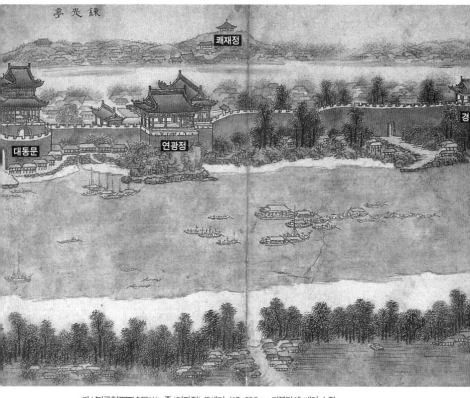

〈관서명구첩(關西名區帖)〉 중 '연광정', 18세기, 41.7×59.3cm, 지본담채, 개인 소장
관서 지방의 명승지를 그린 열 폭의 그림 가운데 평양은 연광정과 부벽루 두 곳이 포함되었다. 배가
떠 있는 대동강 저편으로 성벽을 따라 왼쪽부터 대동문과 연광정, 경파루가 그려져 있고, 도심을 건너
중심부 북쪽에 대동관과 쾌재정이 그려져 있다.

49.

벽도

벽도(碧桃)는 미목(眉目)이 아리땁고 수려하며, 말주변이 좋고 재치가 있다. 희천 군수(熙川郡守)에게 총애를 받았는데, 군수는 그녀의 〈제갈가(諸葛歌)〉를 듣기 좋아했다. 내가 그녀에게 한번 불러보라고 했더니 그녀가 웃으며 말했다.

"이 곡을 어찌 사람마다 다 들을 수 있겠어요?"

좌중이 왁자하게 웃었다.

◎ 희천군의 무인 군수를 위해 부른 것이 벌써 가증스러운데, 더구나 우화 노인에게 대놓고 거절하다니! 그게 한층 가증스럽네.

경운

경운(輕雲)은 경연(輕燕)의 한배에서 나온 동생이다. 그 언니의 풍성한 아름다움에는 미치지 못하나 담박하고 수려한 미모는 언니보다 낫다.

◎   한 집안에서 어떻게 두 명의 경연을 얻어서 사람에게 데려다줄 수 있으랴?

51.

복희

복희(福喜)는 몸가짐과 용모가 단정하고 곱다. 노래하는 목소리는
산들산들하여 얌전한 아가씨의 기품이 있다.

52.

최란

최란(最蘭)은 풍모와 아치가 수려하고 명랑하며, 말투와 기품이 진기하고 빼어나다. 호로(呼盧)[49]나 골패 같은 잡기에 수활하여 못하는 것이 없다. 단옷날에 손님들과 더불어 기방의 작은 누각에 올라가 삼앵(三鶯)[50]의 노래를 들었다. 최란은 그때 새로 과부가 되었다. 주렴 너머에 숨어서 곡을 연주하는데 손이 난간 모서리로 넘어왔다. 그 옥 같은 손가락을 보니 전체 용모가 어떤지를 얼추 알겠다.

◎ 　우화노인은 그 손을 보고서 그 사람을 상상하지만 나는 이 글을 보고서
　그 손을 상상한다.

49　저포(樗蒲)라고도 하는 놀이로 나무로 만든 주사위를 던져서 승부를 다툰다. 조선 후기에 널리
　유행했다.

50　112쪽에 소개한 삼앵과 동일한 기생이다.

53.

채운

채운(彩雲)은 허리가 간들간들하여 마치 봄철의 수양버들 같다. 나이가 거의 열다섯이 되었는데 여전히 땋은 머리를 드리우고 있다.

농옥

농옥(弄玉)은 예쁘고 수려하며 담박하고 우아하다. 사람됨이 그 용모와 똑같다. 거처하는 깊은 방은 그윽하고 정갈하다. 날마다 곡을 연주하는 악사나 퉁소 부는 손님과 더불어 음악을 강평하고 연습한다. 남다른 아치가 물씬 풍긴다.

◎　　　음악을 강평하고 연습하는 것은 미인에게 아주 긴요한 공부이다.

55.

묘향

묘향(妙香)은 용모를 꾸미면 맵시가 나고, 시선을 던지면 사람의 정을 끌어당긴다. 느리게 노래하고 천천히 춤을 추면 구름은 짙어지고 비는 거세진다.[51]

◎　"정을 머금고 돌아보며 웃을 때에는"이라며 춘심(春心)을 묘사한 대목과 똑같은 필법을 썼는데,[52] 이것이 기방의 본색이다.

51　유영(柳永)의 사(詞) 〈낭도사만(浪淘沙慢)〉에 "구름은 짙어지고 비는 거세지며, 천 번 만 번 사랑을 하고, 서로를 예뻐하고 아껴주었네(贈雲尤雨, 有萬般千種, 相憐相惜)."라고 나온다.

52　120쪽에서 춘심을 묘사한 "정을 머금고 돌아보며 웃을 때에는 화사한 아치가 물씬 풍긴다(含意顧笑, 綽有韶致)."를 가리킨다.

일지색

일지색(一枝色)은 대동강이 내려다보이는 작은 누각에 산다. 그 누각은 신수구(新水口)[53]가 있는 옛 성 밑에 있다. 배를 타고 누각 아래를 지나다가 비췻빛 기와에 담황색 주렴이 푸른 물결 위에 그림자를 드리운 풍경이 눈에 들어왔다. 누구 집인지는 모르겠으나 분홍빛 소매를 한 여인이 난간 굽이에 기대 있었다. 함께 배를 탄 기생들이 부채를 들어 멀리 가리키며 말했다.

"여기가 바로 일지색이 사는 곳이랍니다!"

◎   완연히 장판교(長板橋) 가의 여인이다.

---

[53] 평양성에는 성내의 물이 빠져나가는 수구(水口)가 여러 곳에 있는데, 여기서 말하는 신수구는 연광정과 부벽루 사이에 있는 경파루 바로 아래쪽에 새로 만든 수구를 말한다. 평양을 그린 그림에는 이 신수구가 있는 옛 성곽 아래쪽으로 민가들이 제법 많이 들어찼고, 그중에는 작은 누각도 보인다.

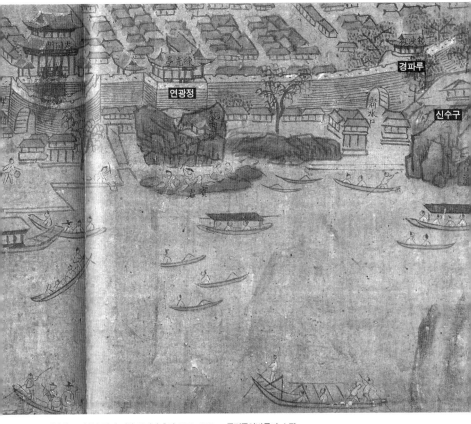

연광정

경파루

신수구

〈평양성도〉, 부분, 작가 미상, 19세기 후반, 107.6×37.5cm, 국립중앙박물관 소장
대동강변의 성곽과 연광정, 경파루 일대를 확대한 그림이다. 경파루 아래 신수구(新水口)가 보이고,
신수구가 있는 성곽 밑으로 작은 집과 누각이 보인다. 일지색이 살고 있다는 집이 있을 법한 풍경이
다. 배들이 있고, 빨래하는 여인들이 있는 강변 풍경이 아름답다.

금향

금향(錦香)의 머리카락은 구름 같고, 살결은 흰 눈 같다. 귀엽고 아리따우며 가냘프고 여리다. 교태 있게 웃고, 사근사근 말한다. 청아하게 노래하고, 오묘하게 춤을 춘다. 굳이 꾸미지 않아도 벌써 사람의 마음을 흔들어놓는다.

◎   금향은 또 생색이 난다.

58.

진향

진향(眞香)이 담담하게 빗질을 살짝 하고 금빛 병풍에 비스듬히 기대어 웃음기를 거두고서 한 곳에 눈길을 고정한다. 저도 모르는 사이에 기품 있는 아름다움이 사람의 마음을 움직인다.

◎　　　진향 역시 많은 말을 쓰지 않아도 충분히 남보다 윗길이다.

59.

일지홍

일지홍(一枝紅)은 본래 강동현(江東縣)의 기생 명부에 속해 있었다. 그녀는 아름답고 고우며 차분하고 고요하여 의젓하게 대가(大家)의 규모를 지니고 있다. 거우 열한 살 때 평양으로 적을 옮겨달라고 스스로 원하여 노래와 춤을 배웠으니 그녀의 의지를 엿볼 수 있다.

◎   우화노인의 덕성은 반드시 후진을 격려한다.

〈평양감사향연도〉 제6폭 '대동선유(大同船遊)', 작가 미상, 18세기 후반, 128.1×58.1cm, 견본채색, 미국 피바디
에섹스 박물관 소장
평양 감사가 대동문과 연광정 사이의 대동강 위에 수십 척의 배를 띄우고 뱃놀이를 즐기는 장면이다.
놀이의 규모가 대단히 크다. 차일을 친 배 위에서 악공들이 연주하고 기생들이 춤과 노래를 하는 모습
이 인상적이다.

60.

초희

초희(楚姬)의 두 눈동자는 반짝이는 구슬과 같고, 두 뺨은 기름이 엉긴 듯하다. 난초 같은 기질에 아직 어리지만 아름답고 화사함이 벌써 두드러진다.

◎   또 후진을 격려한다.

61.

옥지

옥지(玉枝)의 가을 물결 같은 눈빛은 귀밑머리까지 스며들고, 작은
눈썹은 구붓하게 이지러진 초승달 같다. 몸놀림이 가볍고 깜찍한데
우쭐대며 제풀에 즐거워한다.

◎   타고난 기방의 경박한 아이다.

초옥

초옥(楚玉)은 키가 훤칠하고 야위어서 가는 허리가 한 줌에도 차지
않는다. 화당(畵堂)이나 뜰을 제 그림자를 벗해 오가는 모습을 보니
감정을 가누지 못하는 듯했다.

◎　　　　보기 힘든 곳에서 미인을 보았으니 안목을 갖추었다고 이를 만하다.

63.

선향

선향(仙香)은 화장품과 향수를 바르지 않아도 온몸에서 향내가 풍긴다.

◎   아름다운 여인이로다.

64.

경 옥

경옥(瓊玉)은 나이가 서른 살을 넘겼는데도 여전히 용모를 꾸미지 않는다. 내가 부벽루에서 성벽을 따라 아래로 내려가다가 한 미인을 보았다. 구름 같은 트레머리를 높다랗게 올리고서 연꽃 위를 걷는 걸음⁵⁴으로 사뿐사뿐 걸어서 앞서거니 뒤서거니 갔다. 그녀가 바로 경옥이었다. 함께 놀러가는 기생에게 물었더니 그녀의 집이 멀지 않다고 했다. 그래서 바로 함께 어울려 그 집으로 들어가 방에 앉아서 한참 담소를 나누었다. 묻지도 않았는데 그녀가 스스럼없이 말했다.

"문을 닫아걸고 손님을 사양한 지도 벌써 몇 년이 흘렀네요. 당시를 돌이켜보면 마치 한바탕 꿈을 꾼 듯한데 아직도 깬 듯 아니 깬 듯 몽롱하기만 해요. 어린 시절의 풍정(風情)을 갑작스레 잊을 수가 없어요."

◎   이미 벼슬을 내려놓고서도 세상을 잊지 못하는 자들이 예로부터 얼마나 많던가!

◎   깬 듯 아니 깬 듯하다는 것은 아직 전혀 깨지 않았다는 말이니 아직도 봄 꿈을 달콤하게 꾸고 있구나!

---

54 제나라의 폐제(廢帝) 동혼후(東昏侯)가 황금으로 연꽃을 만들어 땅에다 깔아놓고 애첩인 반비 (潘妃)에게 그 위를 걸어가게 했다. 반비가 사뿐대며 걷는 모습을 보고서 걸음마다 연꽃이 피어 난다고 했다. 《남사(南史)》〈제기하(齊紀下)〉)

강선

강선(降仙)은 화월의 수양어머니다. 미모와 기예로 왕년에는 명성이 떠들썩했다. 내가 일찍이 화월을 찾아갔을 때 그녀는 안채에서 손수 차와 술을 장만하여 손님을 접대했다. 때때로 그녀를 엿보니 화장한 얼굴과 어여쁜 옷차림이 주렴 사이에서 어른거렸다. 풍정은 아직도 식지 않았다.

◎   정을 잊지 못하는 것이 그녀들의 본색이다. 그녀를 데리고 대동문 성루에 올라가서 머리가 허연 어부와 함께 아득히 한 쌍의 춤꾼이 되지 못한 것이 한스럽구나.[55]

---

55   여기에 나오는 화월은 106~107쪽의 기생이고, 머리가 허연 어부 역시 107쪽의 어부를 말한다.

명운

명운(明雲) 역시 왕년에 명성이 성대했던 여인이다. 내가 두 번이나 서경(西京)에서 노닐었으나 유독 그녀만은 보지 못했다. 이제 들으니 의주의 큰 상인이 데리고 살면서 화려한 저택을 지어주고 구슬과 패물로 치장하게 했다고 한다. 이제부터는 한층 보기 어렵겠구나!

◎   이렇게 해야 영웅다운 큰 결말을 지었다고 이를 만하다. 그러나 초염이나 명애가 깨끗하게 돌아간 것보다는 못하다.

권2

한재락韓在洛 지음

1.

조광진

조광진(曺匡振, 1772~1840)은 호가 눌인(訥人)이고, 함구문 안에 살고 있다. 말은 어눌하게 해도 예술에서는 민활하다. 그의 팔분서(八分書)와 예서(隷書)는 굳세고 예스러우며, 그의 행서(行書)는 소동파(蘇東坡)를 모범으로 삼았으면서도 유석암(劉石庵, 1719~1804)[1]과 장수옥(張水屋, 1757~1829)[2]의 서법을 겸비했다. 지예(指隷, 손가락으로 쓴 예서)에서 특별히 빼어난 솜씨를 자랑하여 압록강 동쪽 우리나라에서는 일찍이 없던 솜씨를 발휘했다. 지금 쾌재정(快哉亭)[3] 편액은 바로 그의 지예 작품이다. 중국에서 온 사신이 그 글씨를 보고 크게 놀라면서 "동쪽 나라에 이런 기이한 재능을 가진 분이 있는가!"라 하고 한번 만나보고 싶어 했다. 천 리 밖 멀리 나가 있다고 핑계를 대는

---

1 유석암은 청나라의 서법가로 이름은 용(墉)이고, 자는 숭여(崇如)이다. 석암은 호이다. 그는 글씨를 매우 잘 썼는데, 혼후웅경(渾厚雄勁)하고 고졸박무(古拙樸茂)한 특징을 지닌 그의 글씨를 석암체(石庵體)라고 불렀다. 그는 특히 지예 글씨에 뛰어났다. 조선 후기 서예가들이 석암을 매우 중시하여 조희룡은 "후세 사람으로서 소동파의 정수를 체득한 사람으로는 석암만 한 이가 없다."라고 했고, 김정희도 그의 서첩에 발문을 남겼다.

2 장수옥은 청나라 산서(山西) 부산(浮山) 사람으로 이름은 도악(道渥)이고, 자는 봉자(封紫) 또는 장풍자(張風子)이며, 호는 수옥이다. 저명한 화가이자 서법가로서 유득공, 박제가 등과 북경에서 교유했다.

3 평양의 대동관(大同館)에 딸린 정자이다. 대동관은 평양의 객사로 중국 사신을 비롯하여 조정의 고관 등 귀빈이 묵던 숙소이다. 쾌재정은 대동관의 북쪽 높은 지대에 우뚝 솟아 성 전체를 내려다볼 수 있어 시야가 탁 트여 있다. 이곳에서 풍악을 울리면 대동강에 풍랑이 친다는 전설이 있다. 그 앞에는 넓은 공터가 있어 군중이 모일 수 있었다.

사람이 있자 중국 사신은 한탄하고서 길을 떠났다.

눌인은 늙고 가난하여 글씨를 쓰고 글을 지으며 스스로 즐길 뿐이었다. 그가 기둥에 쓴 대련(對聯)과 건물의 편액이 왕왕 청루와 주사(酒肆) 사이에 걸려 있었지만 평양 사람들은 진귀하게 여기지 않았다. 그러나 평양을 거쳐간 서울의 사대부들이 눌인의 서법을 보고 크게 칭찬하며 인정했다. 이로 말미암아 눌인의 이름이 평양에서 중시되었고, 글씨를 구하는 사람이 날마다 문을 가득 메웠다.

나는 눌인을 통해 그의 아버지가 쓴 조부의 묘지명을 얻어서 보았다. 문장이 전아하고 법도가 있었다. 그제야 그의 글씨와 글이 연원이 깊음을 비로소 알게 되었다.

◎　　쾌재정의 편액을 부수어버린 자가 있었는데 다시 새겨서 걸어둔 자가
　　　　나타났다. 다시 새겨서 걸어둔 뒤부터는 마침내 부수는 자가 사라졌다.
　　　　세간에 남의 재능을 사랑하는 마음을 가진 자가 나타나기는 재능을 가
　　　　진 자를 얻기보다 훨씬 더 어렵다.

　　　　　　　　　　　　　　　　　　　　　　　　　　　　녹파잡기

【 참고 6 】

조광진의 한자 표기가 다른 문헌에는 조광진(曺匡振)으로 되어 있다. 평양에서 조광진과 가까이 지낸 장지완(張之琬)은 조광진 사후에 〈조눌인묘지(曺訥人墓誌)〉를 지었는데, 여기에도 이 글과 유사하게 그의 서법을 배운 과정과 쾌재정 현판의 사연이 실려 있다. 그 글은《비연상초(斐然箱抄)》권3에 실려 있다. 그 밖에도 조광진의 글씨에 관해서는 추사 김정희 등 많은 학자가 언급하고 있으므로 굳이 더 설명하지 않는다. 다만 이 글에 나오는 조광진의 부친이 썼다는 묘지명에 관한 사연은 보충 설명이 필요하다.

조광진의 부친은 조윤철(曺允喆)이다. 조윤철은 그의 부친 조하창(曺夏彰)의 묘지명을 썼는데, 이 묘지명은 당대의 명문장으로 알려졌다. 장지완뿐만 아니라 김정희와 홍길주(洪吉周, 1786~1841) 등이 높이 평가했다. 다음은 홍길주의《수여방필(睡餘放筆)》에 수록되어 있는 내용이다.

평양의 선비 조윤철이 그의 아버지 묘지(墓誌)를 지었는데 삼백 남짓한 글자에 지나지 않으나 구슬프고 파란곡절이 있어서 정리(情理)를 곡진하게 표현했다. 간략하면서도 편협하지 않고 간결하면서도 메마르지 않은 글이다. 당송(唐宋) 때의 작가들 문집에 놓아둔다고 해도 확실히 뽑힐 것이다. 그러나 살아서는 당시 세상에 이름이 알려지지 않았고, 죽은 뒤에는 또 집안에 저작이 남겨지지 않았다. 이 작품은 선인의 묘지라서 겨우 살아남았다. 오호라! 궁벽한 시골에 이렇듯 기이한 재주를 가졌으나 이름이 매몰된 사람이 또 이루 말할 수 없을 만큼 많으리라. 추사 김정희 학사(學士)가 이 문장을 가져와

내게 보여주었는데 서로 한참 동안 탄식했다.[4]

　한재락이 이 묘지명을 칭찬한 것이 근거가 있음을 알 수 있다. 이 글은
현재 전하지 않는다.

4　홍길주, 《수여방필》, 일본 오사카 시립도서관 소장 사본. "平壤士人曺允喆, 撰其父墓誌, 不過三百
　許字, 而排惻頓挫, 曲盡情理, 簡而不狹, 絜而不枯. 雖實唐宋作者集中, 確當入選. 而生未聞名於時,
　沒又無著作之傳於家, 此作以其先誌也, 故菫存. 嗚呼! 窮鄕奇才之湮沒若此者, 又可勝計哉! 金秋
　史學士, 持此文以示余, 相與歎嗟久之."

2.

홍산주

홍산주(洪山柱)는 호가 만장(萬丈)이다. 함구문(含毬門)⁵ 안 청석교(靑石橋) 아래에 사는데 풍류가 넘치는 시인이다. 내가 평양에 이르고 보니 여항의 소년배들에서부터 청루의 기생들에 이르기까지 만장의 이름을 칭송하지 않는 자가 없었다. 그의 얼굴을 모르는 것이 한스러웠다.

근래에는 자유롭게 사는 변씨(邊氏)라는 선비와 가깝게 지내게 되었다. 그는 옛날의 사백(詞伯)인 변제(邊濟)의 후손이다. 술을 즐겨 마시고 세상을 오시(傲視)하는데 참으로 자유롭게 행동하는 사람이다. 그는 평소 만장과 친분이 있는 터라 나를 위해 만장을 불러 안으로 들였다.

만장이 와서 서로 인사를 나누고 촛불을 살라가면서 마치 예전부터 친한 사이인 양 마음껏 이야기를 나누었다. 만장은 한평생 질탕하게 지낸 일을 말해주고는 어느새 늙어버려 기방에 드나드는 것을 그만두었고, 차 연기 속에서 머리카락이 하얘져⁶ 박정한 사내라는

---

5 함구문은 평양 중성(中城)의 동남문이다. 청석교는 함구문 안쪽 40보 거리에 있던 다리다.

6 당나라 두목이 〈선원에 붙이다(題禪院)〉에서 "큰 술잔 한 번 휘저어 가득한 잔 비웠더니, 십 년 청춘이 공도를 저버리지 않는구나. 오늘 흰 귀밑털이 선탑 가에 이르니, 차 연기가 꽃 떨구는 바람에 살포시 날리네(觥船一棹百分空, 十歲青春不負公, 今日鬢絲禪榻畔, 茶煙輕颺落花風)."라고 인생의 무상함을 읊었다.

권2   **155**

이름만 실컷 얻었노라고 탄식했다.

만장이 누군가와 이별하고 쓴 시는 다음과 같다.

문을 나서 서글프게 목을 빼고 바라보니	出門悄延佇
구름 밖에 기러기는 소리가 끊겼구나.	雲外斷鴻聲
어쩌자고 예전에도 이별한 장소에서	如何曾別處
정만을 남겨놓고 임은 다시 길을 떠났나.	人去更留情

만장은 일찍이 〈상춘가(傷春歌)〉·〈강호별곡(江湖別曲)〉·〈단장사(斷腸詞)〉를 지었는데, 그 노래들이 평양에 널리 퍼졌다. 또한 〈육향사(六香詞)〉도 지었는데, 이것은 명기 여섯 명을 위해 지은 작품이다. 안연년(顏延年, 384~456)의 〈오군영(五君詠)〉[7]과 비슷한 작품이다. 홍산주의 선택에서 빠진 많은 기생이 너나없이 한스럽게 여겼다. 그의 송시성(誦詩聲, 시를 음송하는 소리)은 느리면서도 처량했다. 대개 그가 창안한 호접창(蝴蝶唱)은 옛날 낙하(洛下)의 명사들이 시를 읊는 소리[8]다.

---

7 안연년은 남조 송(宋)나라의 문인 안연지(顏延之)로 연년(延年)은 자이다. 그가 영가 태수(永嘉太守)로 좌천되어 나가서 죽림칠현(竹林七賢) 가운데 완적(阮籍)·혜강(嵇康)·유령(劉伶)·완함(阮咸)·상수(向秀)의 행적을 묘사한 〈오군영〉을 지었다. 칠현 가운데 산도(山濤)와 왕융(王戎)은 권력에 가까이 갔다는 이유로 다루지 않아 포폄(褒貶)과 평가를 엄중히 하는 관점을 드러냈다.

8 원문은 '낙생영(洛生詠)'으로 중국 진나라 때 낙하의 명사들이 즐겨 읊조린 영가(詠歌)의 일종이다. 사안은 본디 코맹맹이 소리를 냈는데, 그 소리로 '낙생영'을 읊자 남들도 코를 막고 모방했다 한다.《세설신어(世說新語)》〈경저(輕詆)〉)

녹파잡기

◎　　　진정 이야말로 "가사를 스스로 지으니 풍격이 노성하다."[9]라는 경우다. "구름 밖에 기러기는 소리가 끊겼구나(雲外斷鴻聲)."라는 한 구절을 가락에 맞춰 노래하면 고기 한 점으로 솥 전체의 맛을 알아차린다는 진실이 벌써 이 안에 담겨 있다. 무엇하러 〈육향사〉 여러 곡을 다 들어야 하나!

9　두보(杜甫)의 고시(古詩) 〈소단과 설복의 잔치 자리에서 설화에게 보내는 취한 노래(蘇端薛復筵簡薛華醉歌)〉의 한 구절로 "좌중의 설화는 취한 노래를 잘 부르고, 가사를 스스로 지으니 풍격이 노성하네(坐中薛華善醉歌, 歌辭自作風格老)."에서 인용했다.

【 참고 7 】

홍산주는 이 저술에서 기록한 것을 빼놓고는 거의 알려져 있지 않다. 한
재락은 그를 평양을 상징하는 명사로 부각시키며 한시와 한글 가사 등을
잘 지은 문인이자 음악가로서 큰 영향력을 지닌 예술가임을 밝혀놓았다.
그가 창안했다는 호접창은 시를 읊는 소리로 개성 있는 서도시창(西都詩
唱)의 하나로 추정한다.

　당대의 기생 여섯 명을 시로 읊은 〈육향사〉는 한글 가사일 것이다. 그
가 지었다고 밝힌 세 편의 작품은 한글 가사로 그중에 〈강호별곡〉과 〈단
장사〉는 현재 여러 가사집에 채록되어 전해온다. 작자를 알 수 없는 가사
로 전해오지만 《녹파잡기》의 기록을 통해서 홍산주가 작자임을 잘 알 수
있다. 또한 그는 18세기 후반에서 19세기 전반기까지 평양에서 활약한
가사 작가였음을 새로 확인할 수 있다. 다음에 홍산주가 지었다는 두 편
의 가사 작품을 현대어로 싣고 이해를 돕고자 괄호 안에 한자를 밝혀놓
는다.

　강호별곡(江湖別曲)[10]

세상공명(世上功名) 부운(浮雲)이라 강호어옹(江湖漁翁) 되오리라.
일엽편주(一葉片舟) 흘리저어 임기소지(任其所之) 하올 적에
만경창파(萬頃蒼波) 너른 곳에 호호탕탕(浩浩湯湯) 떠나간다.

10　이용기 편, 정재호 외 주해, 《주해 악부》(고려대학교 민족문화연구소, 1992)에 실린 가사를 저본
　　으로 삼았다.

주경(舟輕)하니 산사주(山似舟)요, 도급(棹急)하니 야여주(野如舟)라.

은린옥척(銀鱗玉尺) 펄펄 뛰고 백구편편(白鷗翩翩) 비꼈는데

청풍(淸風)은 서래(徐來)하고 수파(水波)는 불흥(不興)이라.

좌우(左右)를 살펴보니 경개무궁(景槪無窮) 좋을시고.

격안전촌(隔岸前村) 양삼가(兩三家)에 저녁연기 일어나고

반조입강(返照入江) 번석벽(飜石壁) 거울 낯을 열었에라.

언덕 위에 초동(樵童)이요, 석벽(石壁) 아래 어옹(漁翁)이라.

창랑가(滄浪歌) 반겨 듣고 소리 좇아 나려가니

엄릉(嚴陵) 여울 다다랐다, 경개무궁(景槪無窮) 좋을시고.

천척단안(千尺斷岸) 높은 곳에 창송낙락(蒼松落落) 푸르렀고

칠리청탄(七里淸灘) 요란한데 쌍쌍 오리 높이 떴다.

양구어옹(兩耈漁翁) 흘림낚시 거구세린(巨口細鱗) 낚아내어

고기 주고 술을 사서 취케 먹기 맹세한다.

오호(嗚呼)라! 세상이 기군평(棄君平)하니, 미재(美哉)라! 군평이 역기
세(亦棄世)라.

거포준이(巨匏尊以) 상속(相屬)하니 호리건곤(壺裏乾坤) 되겠구나.

일모황혼(日暮黃昏) 되었으니 월출동령(月出東嶺) 뚜렷하다.

배를 저어 돌아갈 제 도착접리(倒着接䍦) 좋을시고

백연만장(白煙萬丈) 뻗쳤는데 수천일색(水天一色) 보기 좋다.

종일위지(縱一葦之) 소여(所如)하니 능만경지(凌萬頃之) 망연(茫然)이
라.

선압수중(船壓水中) 천여월(天與月)하니 어언간작(於焉間作) 천상인(天上
人)을

무궁한 이 내 흥미(興味) 세상 알까 두리노라.

단장사(斷腸詞)¹¹

생각 끝에 한숨이요, 한숨 끝에 눈물이라.

눈물로 지어내니 들어보소 단장사라.

이리하여 날 속이고 저리하여 날 속인다.

속이는 이 좋거니와 속는 사람 어떠하랴.

상사(相思)로 말미암아 병들어 누웠으나

모첨(茅簷)에 우는 새는 종일토록 상사로다.

우졸(愚拙)한 규중처(閨中妻)는 흩은 머리 헌 치마에

한 손에 미음 들고 잡수시오 권할 적에

그 경상(景狀) 가긍하다, 이 내 병 어이하리.

행여 올까 바랐더니 반가운 임의 소식

시문(柴門)에 개 짖으니 풍설(風雪)에 행인이라.

산을 보되 생각이요, 물을 보되 생각이라.

세월이 무진(無盡)하니 생각사록 무익(無益)이라.

모진 의술 철침(鐵針)으로 중완(中脘)을 찌르는 듯

초경(初更)에 이십팔수 오경(伍更)에 삼십삼천

크나큰 나무 몽치 종경(鐘磬)을 치는 듯이

쾅쾅 치는 이 내 간장 철석(鐵石)인들 온전하리.

우리 임 상경 시(上京時)에 주야(晝夜)로 바라보게

이 내 몸 죽은 후에 선산에도 묻지 말고

---

11 〈단장사〉는 김태준의 《조선가요집성》(한성도서주식회사, 1934)에 실려 있는 내용을 중심으로
심전본 《악부(樂府)》를 교합하여 싣는다.

선연동 높은 곳에 높직이 묻어주오.

조선(祖先)의 유세적덕(遺世積德) 백자천손(百子千孫) 하련마는

불초(不肖)한 이 내 몸이 박복한 탓이로다.

선영(先塋)에 풀이 긴들 제초할 이 뉘 있으리.

청명한식 화류시(花柳時)에 잔 드릴 이 전혀 없다.

창창제천(蒼蒼諸天)은 하정(下情)을 감(鑑)하소서.

월로인연(月老因緣) 맺은 후에 유자유손(有子有孫) 하오면은

불효도 면하올 겸 연분도 좋으리라.

서산에 지는 해는 어이 그리 수이 가나.

북망산(北邙山) 누루총(累累塚)에 오느니 백발이라.

굳은 비 찬바람에 백양(白楊)이 소슬한데

호걸(豪傑)이 그 몇이며 가인(佳人)이 그 얼만고.

왕사(往事)는 춘몽(春夢)이요, 황분(荒墳)만 남아 있다.

우리도 이 세상에 몇 날이나 붙을 건가.

백발이 오기 전에 아니 놀지 못하리라.

이 몸이 생기려면 임이 나지 말았거나

임의 몸이 생길진대 내가 나지 말았거나

공교할손 임과 내가 한 세상에 생겨났네.

한 세상에 생긴 일이 연분인 듯하건마는

연분으로 생겼으면 그리 어이 그리는고.

그립고 답답하니 연분(緣分)이 원수로다.

창천(蒼天)이 뜻을 알아 연분을 맺은 후에

화조월석(花朝月夕)에 주야(晝夜) 진정 마주 앉아

살뜰히 그리던 일 옛말 삼아 하고 지고

내 마음 이러하니 저인들 어이 무심하리.

옛말도 끝이 없고 할 말도 무궁(無窮)하다.

중천(中天)에 외기러기야 소식이나 전하여라.

3.

안일개

안일개(安一箇)는 풍류가 넘치는 옛날의 선비다. 내가 평양에 이르러 도회지 사람들에게 물었다.

"서경(西京)은 아름답기가 중국의 전당(錢塘)이나 금릉(金陵)[12]에 비교할 만하다. 여기도 장자야(張子野, 990~1078)[13]나 당자외(唐子畏, 1470~1523)[14]의 뒤를 이을 만한 호쾌한 선비가 어찌 없겠는가?"

그 말에 누가 이렇게 말해주었다.

"안일개라는 사람이 있답니다. 당시에 뛰어난 기생 일고여덟 명이 제각기 마음에 쏙 드는 정인(情人) 한 사람을 뽑아 영명사(永明寺)에 모여 잔치를 열자고 약속을 했습니다. 약속한 모임 날짜가 되어 여러 기생이 다 모였는데, 데리고 온 자는 오로지 안일개 한 사람뿐이었습니다. 서경 사람들이 지금껏 그 일을 부러워하며 칭송한답니다."

어떤 사람이 그가 살던 옛집을 지나가다가 다음과 같은 시를 한 수 지었다.

---

12 전당은 현재의 절강성(浙江省) 항주시(杭州市)이고, 금릉은 현재의 강소성 남경시(南京市)다.
13 장자야는 북송 초의 사인(詞人) 장선(張先)이다. 그는 주로 남녀 간의 사랑을 읊은 시를 지었고, 낭만적이고 풍류가 넘치는 삶을 살았다. 여든 살에 열여덟 살의 젊은 첩과 인연을 맺는 등 환락을 즐겼다.
14 당자외는 명대의 저명한 문인 겸 서화가인 당인(唐寅)이다.

낡은 성곽 동쪽 머리 적막한 마을에는	古郭東頭寂寞村
갈까마귀 울음 그치고 달은 황혼 녘.	寒鴉哦斷月黃昏
그 시절 사랑의 빚 청산하지 못하고서	當時未了風流債
선연동에 돌아와서 귀신이 됐나보다.	歸作嬋娟洞裏魂

선연동은 바로 기생들을 묻은 공동묘지다.[15]

---

15 선연동은 조선 초부터 평양 칠성문(七星門) 밖 을밀대 북쪽에 조성한 공동묘지로 평양 기생이
    죽으면 여기에 장사 지냈다. 앞에 있는 이상적의 〈서〉에서는 선연동에 협주(夾註)를 달아 "선연
    동은 평양부의 기녀를 장사 지내는 장소로 국포(菊圃) 강박(姜樸)이 글을 지어서 제사를 드린 곳
    이다(嬋娟洞, 葬府妓處. 姜菊圃操文以祭之)."라고 했다. 그 사실이 이덕무(李德懋)의 《청비록(淸
    脾錄)》에도 "국포 강박이 평안 도사(平安都事)가 되었을 때 제문과 술을 가져가서 선연동 무덤에
    제사를 지냈다가 뒤에 대간(臺諫)으로부터 탄핵을 당했다."라고 밝혀져 있다.

4.

윤할

윤할(尹瞎, 장님 윤씨)은 퉁소를 잘 분다. 입에서 나오는 대로 불어도 자연스럽게 음률에 들어맞는다. 고금의 가곡을 불기만 하면 저마다 대단히 정교하고 오묘하다. 또 온갖 새 울음소리를 흉내 내는데 온 좌중이 그 소리를 듣고 포복절도한다. 새 울음 흉내가 끝나고 과부의 곡소리를 흉내 내면 애원하는 소리가 처절하여 사람들로 하여금 눈물을 떨구게 만든다. 송도와 평양 사이를 오가는 그를 사람들이 앞다투어 초치하여 거의 비어 있는 날이 없다. 모두 윤할이 뜸하게 찾아오는 것을 한스럽게 여긴다.

◎　　　완적이 막다른 길에서 통곡한 소리[16]도 윤할이라면 잘 묘사해내겠지?

16　중국 삼국시대 위(魏)나라의 완적은 울분을 달래려고 혼자 수레를 타고 나가서 막다른 길에 이르면 통곡하고 돌아왔다.(《진서(晉書)》〈완적열전(阮籍列傳)〉)

5.

최염아

최염아(崔豔兒)는 신세가 불우하여 기방을 오가며 생계를 유지했다. 새벽에 일어나 여러 기생집을 두루 찾아가 집 안과 마당을 깨끗이 청소하고 그릇과 집기를 제자리에 가져다 정돈했다. 날마다 꼭 해야 할 일과로 삼았다. 그런데 그는 뛰어난 기생의 집이 아니면 가지 않았다. 그래서 최염아가 어느 집에 가 있는가에 따라서 기생의 명성과 평가가 가벼워지거나 무거워졌다.

그는 또 나귀 울음소리를 잘 냈다. 입을 벌리고 우-우-우 소리를 내면 많은 나귀가 한 목청으로 화답하여 우는 소리를 냈으니 참으로 빼어난 재주이다. 그는 사람됨이 충직했으나 반면에 멍청했다. 일찍이 일천 전(錢)의 동전을 얻어서는 넓은 들판에 묻어 숨겼다. 그때 마침 머리 위에 구름 한 조각이 있는 것을 보고서 그 구름으로 표식을 해두었다. 그 뒤에 돈을 묻어두었음직한 곳에 가서 하늘을 우러러보았는데 구름이 없어서 끝내 돈을 묻은 장소를 찾지 못했다. 그는 탄식하면서 되돌아왔다.

◎ 　　　염아는 당연히 기이한 사람이야.

제사題辭

신위申緯

1.

남자로 태어났으니 평양에서 죽어야 제격이지.[1]　　　　　　　　　人生只合西京死

물 쓰듯 돈 쓰기는 이 도시가 제일이야.　　　鍋子銷金是此鄉

기방[2]에서 풍악 소리 천년토록 울려대니　　句裏笙歌千古咽

푸른 창 붉은 지게문, 정지상 때와 똑같구나.　綠窓朱戶鄭知常

2.

《판교잡기》 나온 뒤에 《녹파잡기》 나왔으니　板橋記後綠波記

그 시절의 여담심[3]이 이제는 우화노인이지.　余澹心今藕老人

여담심에 견준다면 그대가 더 낫고말고　　　更比澹心君又勝

1　남자로 태어났으니 미인들이 많은 색향(色鄉)에서 죽고 싶다는 장난 섞인 말이다. 박제가 역시 〈평양의 절구 몇 편, 이덕무를 보내며(平壤雜絶送李懋官)〉에서 선연동을 주제로 하여 다음과 같이 읊었다.

봄 깊은 성꽃은 지고 푸른 잔디 잘 자란 곳　　　　　春城花落碧莎齊
옛적부터 고운 넋들 모두 여기 잠들었네.　　　　　從古芳魂此地捿
인간 세상 사나이들 정 남친 말 끝이 없어　　　　　何限人間情勝語
'죽을 바엔 완사계(浣紗溪)에 빠져 죽고 싶다'누나.　死猶求溺浣紗溪

완사계는 고대의 중국 미인 서시(西施)가 빨래하던 시내다.

2　기방의 원문은 구리(句裏)다. 구란(句欄) 속이란 말로 기방을 가리킨다.

제사題辭

167

태평시대 풍류사를 남김없이 그려냈으니.   盡情摹寫太平春

3.

백옥 얼굴에 비단 의상, 어린 기녀 떠올리며   玉貌氷紈見妙齡

우화노인 사랑방[4]에는 향불이 빤하구나.   藕花吟舫篆烟靑

풍정은 늙어갈수록 처량하고 삭막해져   風懷老去悽惶甚

강남의 유경정(柳敬亭)[5]인 양 애간장이 끊어지네. 腸斷江南柳敬亭

4.

고향으로 돌아가서 적막한 서재에 누웠더니   歸臥溪山寂寞齋

평양의 멋진 풍광 가슴을 사로잡네.   楊州烟月尙縈懷

책에 적힌 많고많은 풍류 서린 사연 중에   卷中多少風流話

가죽신 벗어준 괴불만이 맴도는구나.   只有靑絲怪不鞋

---

3 여담심은 《판교잡기》의 저자 여회로 담심은 그의 자이다. 여회는 복건성(福建省) 보전(莆田) 사람
으로 오랫동안 남경에 거주하다가 1693년에 남경의 구원, 곧 진회하 강변의 화려한 기방을 출입
한 체험기를 썼다. 명나라가 망하고 청나라가 등장하는 전란기를 배경으로 하여 망국의 비감하고
우울한 정서를 투영하여 기방 미녀의 영고성쇠를 묘사했다.

4 한재락의 호 가운데 우방(藕舫)이 있다. 그의 직계 집안 문집인 《서원가고(西原家稿)》 권5에 한재
락의 작품이 〈우방시초(藕舫詩抄)〉라는 이름으로 수록되었다. 우방은 이 집안의 한양 우거가 서
대문 밖 연못가에 있어서 붙여진 이름인데 이 연못에는 연꽃을 많이 심었다.

5 유경정은 명나라 말엽의 유명한 설서가(說書家)로 조선 후기의 전기수(傳奇叟)에 비교할 만한 실
존 인물이다. 기방을 출입하며 망국의 비애를 잘 표현하는 기예를 펼쳐서 인기를 누렸는데, 여회
가 그를 만났을 때에는 벌써 여든 살을 넘겼다. 여회는 《판교잡기》 하권 〈일사(軼事)〉에서 그를 다
루었고, 장대(張岱)는 〈유경정설서(柳敬亭說書)〉란 글에서 그의 행적을 인상 깊게 묘사했다.

5.

청산은 점점이 놓이고 대동강은 대지를 스쳐가는데	點點青山江抹坤
긴 방죽의 풀빛은 아뜩하게 넋을 빼네.	長堤草色黯消魂
그대 어찌 명승만은 다루지 않았는가?	君何不及於形勝
'왕소군이 나서 자란 그 마을이 아직도 있네.'[6]	生長明妃尚有村

6.

붓 노래와 먹 춤으로 연주를 대신하니	毫歌墨舞換淸彈
기방은 집집마다 경관 점차 바뀌누나.	舊院家家漸改觀
육조(六朝) 때의 화장기를 모조리 지웠으니	盡化六朝金粉氣
진홍(眞紅)의 죽석(竹石) 그림, 소미(小眉)의 난초지.[7]	眞紅竹石小眉蘭

---

6 이 구절은 두보의 〈고적을 회상하여 읊다(詠懷古跡)〉에 "뭇 산과 골짜기 형문 향해 가는 곳에, 왕소군이 나서 자란 그 마을이 아직도 있다(群山萬壑赴荊門, 生長明妃尚有村)."에서 가져왔다. 왕소군은 한나라 궁녀로 이름은 장(嬙)이며 소군은 자이다. 진(晉)나라 문제(文帝) 사마소(司馬昭)의 이름을 피해 명군(明君) 또는 명비(明妃)라 부른다. 《명일통지(明一統志)》의 소군촌(昭君村)에 붙인 주에 "귀주(貴州)의 동북쪽 40리에 있다."라고 했는데 현재의 호북성(湖北省) 의창시(宜昌市) 흥산현(興山縣)이다.

7 진홍은 74쪽에 소개되었고, 소미는 56쪽에 나오는 영희의 자이다. 모두 그림을 잘 그리고 서책과 서화를 좋아하는 선비 풍모의 기생이라는 공통점이 있다. 76쪽에 나오는 채봉도 같은 부류의 기생이다. 그 비평에서 "진홍과 소미의 풍모를 들은 사람이다."라고 하여 기생 가운데 독특한 부류로 설정했는데, 그 비평이 이 시와 관점이 비슷하다. 신위는 평양 기방에서 이렇게 시·서·화를 즐기고 창작하는 새로운 분위기가 점차 고조되는 현상에 주목하고 그 가치를 인정했다.

7.

조눌인을 못 본 지가 어언 삼십 년[8]	不見訥人三十年
손가락에서 희한하게 운연(雲煙)이 피어나네.[9]	指頭怪底出雲烟
술집의 벽 위에는 명적(名跡)이 많다 하니	酒家壁上多名跡
굶주리면 팔분서와 예서를 술값에 썼나보다.	分隸飢來當酒錢

8.

연광정과 부벽루가 물결에 씻겨 사라지면	練光浮碧浪陶平
서경의 만장(萬丈) 명성 그때에는 사라지리.	始盡西京萬丈名
그렇지만 지난해 이별한 그곳에는	可是去年離別處
기러기 울음 끊겨도 남은 정을 묶어두리.	餘情欲繫斷鴻聲

북선원 소낙엽 두타(北禪院掃落葉頭陀)가 쓰다

---

8 신위가 조광진을 만난 사실을 거론했다. 신위가 1806년부터 1808년 사이에 지은 시를 정리한 《경수당집(警修堂集)》〈분여록(焚餘錄)〉4의 〈평양의 눌인 조광진은 지예를 잘 쓴다~(平壤曺光振訥人善指隸)~〉에서 "눌인의 지예는 적수 없이 절묘하니, 손바닥만 한 정자 글씨 장사 같은 힘이 있네. 처지 따라 재능을 평가함은 비루한 견해이니, 최립의 시나 한호의 글씨가 동방에 횡행하지(靑生指隸妙無雙, 掌大亭扁鼎可扛. 限地論才終陋見, 崔詩韓筆跨東方)."라고 평가했다. 이 시에서 알수 있듯이, 이른 시기에 대단히 높은 평가를 내리고 있다. 그가 삼십 년을 보지 못했다고 한 것은 사실에 가깝다.

9 운연은 기세가 활달한 서화를 가리킨다. 두보가 〈음중팔선가(飮中八仙歌)〉에서 "장욱은 석 잔 술에 초성(草聖)이라 전해지는데, 왕공 앞에서 모자 벗어 정수리를 드러내고, 붓 휘둘러 종이에 지면 운연과도 같았네(張旭三杯草聖傳, 脫帽露頂王公前, 揮毫落紙如雲煙)."라고 한 데서 나온 말이다.

이 여덟 편의 《녹파잡기》〈제사〉가 저본에는 《녹파잡기》 권2 신위의 작품 〈소악부(小樂府)〉 40수 뒤에 실려 있다. 삼산본에는 이상적의 《녹파잡기》〈서(序)〉 앞에 실려 있다. 한편, 신위의 시집 《경수당전고(警修堂全藁)》 책 15 〈강도록(江都錄)〉 2에 이 작품이 간단한 주석과 함께 실려 있다. 〈강도록(江都錄)〉 2는 신위가 강화 유수로 재직하던 1829년 9월부터 다음 해 1830년 4월까지 쓴 시를 모은 작품집이다. 그러므로 작품이 실린 순서상 이 시는 강화도에 머물던 1830년 봄에 쓴 작품이다.

이 시에서 언급한 정지상(鄭知常, ?~1135)의 시는 〈서도(西都)〉로 다음과 같다.

큰 거리는 봄바람에 가랑비가 지나가고	紫陌春風細雨過
먼지 한 점 아니 일고 버들가지 늘어졌네.	輕塵不動柳絲斜
푸른 창 붉은 지게문, 자지러지는 풍악 소리	綠窓朱戶笙歌咽
모두가 이원제자 살고 있는 집이로다.	盡是梨園弟子家

《녹파잡기》는 붉은 치마 입은 기녀를
기록하니

맛보던 것 밖의 맛과 보던 것 밖의
향기가 있네.

고목이나 식은 재처럼 현세에 덤덤한 이가

무엇 하러 이 글을 지었냐고 묻고 싶노라.

綠波雜記記紅帬

味外酸醎見外薰

枯木死灰今世上

問君何事作斯文

---

1 이 작품은 저본에는 수록되지 않았고 삼산본과 심전본에만 본문의 맨 뒤에 부록처럼 실려 있다.
시의 본문 뒤에는 "강설이 쓰다(絳雪題)"라고 작자를 밝혀놓았다. 강설(絳雪)이란 호를 쓴 인물은
조희룡과 남병철(南秉哲, 1817~1863), 김윤식(金允植, 1835~1922)이 있는데, 생존 시기나 친
분 관계로 볼 때 조희룡이 가장 적합한 인물로 보인다.

원문

綠波雜記序

美人遲暮, 靈均唱騷; 長門逍遙, 相如賣賦. 好賢誰能易色, 才子未免有情. 板橋著書, 余懷之窮愁可見; 屛風摸畵, 周昉之妙墨猶傳. 噫! 杜司勳之已亡, 紫雲誰問; 王百穀之終老, 湘蘭何歸? 南部敎坊, 煙花蕭瑟; 東山舊逕, 絲竹寂寥. 勝跡斯淪, 風流奚屬? 不圖幷世, 迺見先生[1]. 則下第之劉蕡, 行歌之原憲, 沈冥苦海, 跌宕歡場. 文若春華, 評工[2]月旦, 倦游洱上, 有撰[3]《綠波雜記》. 蓋援例於潘氏《曲中志》, 而濫觴於《秦淮士女表》者也.

若夫綠波名區, 青樓洞府, 見江漢之遺俗, 徵大堤之古詞. 湖上莫愁, 渡頭桃葉, 荊門生長明妃, 峨眉幻出文君. 紛捐珮於江皐, 信銷金之鍋子. 淸歌妙舞, 無非絶世窈窕之人; 綠浪紅欄[4], 自是千年繁華之地. 廿四畵橋明月, 十二金釵芳辰. 浣紗處處苧蘿, 青翰人人繡被. 易安簾外, 秋瘦黃花; 蘇小門前, 春深楊柳. 金砌烏龍獨睡[5], 玳梁紫燕雙飛[6]. 合歡植青棠, 相思結紅豆. 世業笙囊笛譜, 家聲蟲首蛾眉. 高髻學楚宮之新粧, 羅襪效楊妃之遺制. 奢雲艶雨, 四季恒春; 璧月瓊枝, 一時絶唱. 於是周郎顧曲, 刺史斷腸, 雪水烹茶, 陶學士之淸賞; 鞵杯行酒, 楊廉夫之恣歡.

---

1 先生이《은송당집(恩誦堂集)》에는 藕人으로 되어 있다. 다음에 나오는 先生도 같다.
2 工이 삼산본에는 共으로 되어 있다.
3 撰이 삼산본과《은송당집》에는 譔으로 되어 있다.
4 欄이 저본과 삼산본에는 闌으로 되어 있으나《은송당집》을 따라 수정했다.
5 金砌烏龍獨睡가《은송당집》에는 烏龍睡於金砌로 되어 있다.
6 玳梁紫燕雙飛가《은송당집》에는 紫燕飛於玳梁으로 되어 있다.

朝隔夏候之廉, 夜薦陳王之枕. 輕寒半臂, 終歲遨頭. 或嘆綠葉之成陰, 或賦雲英之未嫁. 琵琶怨商婦, 天涯易濕青衫; 絲蘿[7]托英雄, 今日難逢紅拂. 芳草縈骨, 酹三尺嬋娟之斜[8]; 丹字題名, 鑴千仞清流之壁.[9]

是以離邦者, 樂而忘返; 賦別者, 黯然消魂. 而至於齠背賣漿之翁, 與夫犢鼻滌器之子, 亦皆平康舊俠, 張緒當年, 此風氣之所囿歟? 抑地靈之所效歟?

嗟夫[10]先生以悲秋之情, 託懷春之想[11], 婆娑乎檀板絃詩之席, 馳騁乎簪花校書之場. 彤管一枝, 嚴於筆削; 黃絹千首, 讓玆簡編. 洵是風雅不刊之書, 足爲香豔不朽之計. 付雙荷葉收掌, 浮一大白讀之, 可也.

癸巳小春月 藕船李尙迪 序

◎ 令人翱翔
◎ 如入五都市

7　絲蘿가《은송당집》에는 衣帽로 되어 있다.
8　《은송당집》에는 본문의 이 자리에 "嬋娟洞, 葬府妓處. 姜菊圃操文以祭之."가 협주(夾註)로 달려 있다.
9　《은송당집》에는 본문의 이 자리에 "士女遊者, 多勒名清流壁."이 협주로 달려 있다.
10　夫가《은송당집》에는 乎로 되어 있다.
11　想이《은송당집》에는 思로 되어 있다.

綠波雜記 卷之一

蔄花老人 著

1. 竹葉, 姿首豊盈, 風流融冶, 談吐如豪士, 歌曲冠絶當世. 姬嘗病脚, 擁衾臥, 見余披帷起, 整衣裳, 促進盥洗. 自言"秋來入京都, 遊宴甲第芳樹間. 與兩院諸名姬, 汎舟江漢, 見山川映發, 樓觀飛驚, 知京師之壯麗. 還崧陽, 登滿月臺, 見故宮爲墟, 禾黍滿目, 慨然不覺淚下[12], 恨行色忽忽不及見天磨・朴淵諸勝也." 因與余證期來春遊香山・藥山間, 噓唏曰[13]: "妾年已二十有四矣. 一朝從良, 受丈夫束縛, 則安得遂吾平生也? 當於春秋佳日, 選勝携琴, 縱意遊行, 迨此未艾時耳[14]."

2. 玄玉, 燁然揚華, 炯炯精朗. 博涉諸技[15], 妙解聲律. 姿性敏溫, 如見酒人亂流－原注: 方言稱浮浪子弟, 曰亂流－叫呶奪席, 則姬曲爲之解. 且豪富寒乞, 一視款接, 皆得其歡心. 余前到箕城, 城中少年相逢者, 必稱姬之名. 然時値姬往成都, 未得一見, 以是爲恨. 越五年, 余再遊到此, 始遇於浿江舟中. 時篷間諸姬, 皆艷粧姣服[16], 鬪妍爭媚. 姬獨略掃淡蛾, 斂然退坐, 一見可知其爲玄娘也. 少焉管絃旣陳, 姬徐起就坐, 離朱脣, 發淸商, 調高響逸, 眞

---

12 淚下가 삼산본과 심전본에는 下淚로 되어 있다.
13 삼산본에는 噓唏曰이 曰噓唏로 되어 있는데 오류이다.
14 耳가 삼산본과 심전본에는 也로 되어 있다.
15 技가 저본에는 妓로 되어 있으나 삼산본과 심전본을 따라 技로 수정했다.
16 服이 삼산본과 심전본에는 眼으로 되어 있다.

是郢曲一奏, 和者無人矣. 是日歡宴抵暮而罷, 翌日余入三十六洞天, 浹旬而返, 與二三詞客訪姬於五城觀-原注: 姬室名-姬亟命灑掃松檀, 鋪荻[17]簟於石榴花下. 援琴奏流水之曲, 曲終, 促進壺觴酒數巡, 分韻賦詩. 姬先吟一句曰: '群賢來意屬晚花.' 其綺腸穎發, 非特聲律而已也.

◎ 晚花, 自道也, 非謂五月榴花照眼明.

3. 翠蓮, 頗肥碩, 而舞劒, 捷如輕燕. 今已老, 當壚於練光亭前街.

◎ 令江州司馬濕盡青衫否?

4. 英姬, 字小眉, 號雙喜舘. 嫺靜端拙, 溫雅聰敏. 人澹如菊, 才美於錦, 雖工於歌舞, 斂若無所能焉. 性喜畫蘭, 瘦葉踈花, 筆墨秀潤, 深造古人筆意. 所居緗簾茟几, 陳設器玩書畫, 盡日焚香端坐. 經其戶, 寂若無人, 亦後來之翹秀也.

◎ 卷中第一人.

5. 吳蟾, 歌喉圓囀朗唱. 眸子炯然, 言笑閒[18]靜, 有閨閤間風趣. 余作數夕遊, 席上必有簫琴.

6. 羅蟾, 瑰姿艷逸, 傲志自喜. 苟有俏俊者, 雖破衣帽, 一夕定情.

---

17 荻이 저본에는 笛으로 되어 있으나 삼산본과 심전본을 따라 荻으로 수정했다.
18 閒이 삼산본과 심전본에는 嫺으로 되어 있다.

如其傖夫齷齪, 雖百誹, 不顧也. 有一少年, 取其指環而作褻語[19],
姬卽奪環, 以如意碎之, 正色切責之. 盖其激仰[20]如此. 向余遇之
於崧陽子南山下草堂, 春酒沉沉, 纖歌嫋嫋, 倏已十餘春秋矣. 而
今來訪, 姬已謝客, 從其弟問訊, 噓噫爲之一歎.
◎ 風流流露過去筆

7. 香任, 善歌舞, 以才色籍名. 見其病臥, 錦屏透迤, 藥鐺狼藉. 然
歌琴日陳於前, 可知秋娘老去, 風情不衰.
◎ 善調病

8. 纖孃, 羅蟾弟也. 余與數客, 訪姬於鏡波樓下. 姬於燈前孤坐, 微
波澹澹, 霧鬢低翠, 與燈光[21]交艷. 邀余入坐, 酬對婉捷, 移時, 分
袂出門, 月色皎如霜雪, 徘徊數武間, 忽見姬送客憑欄[22], 誦東坡
〈前赤壁賦〉, 及東人竹枝詞數闋. 響如一縷香烟, 裊裊不絶. 余不
覺神揚, 還入門, 環坐梅花樹下. 姬更洗盞. 一客戲曰: "看姬首傳
此杯, 可定旗亭甲乙." 姬微笑, 竟舒藕腕, 低聲勸余. 一座捧腹.
◎ 不唱黃河遠上詞, 而邁老人生色, 足以千古

---

9. 繡愛, 工歌舞, 雙眸灩[23]如秋水, 然面有痘斑痕. 以傳世樂籍, 自
   持頗高, 不輕見客. 諸年少以此短之, 此實姬之所長也.

   ◎ 無乃護痘斑痕耶! 薄老人另是具眼處.

10. 喜任, 號伴香室[24]. 蛾眉曼睩, 綠鬢紅顔, 性情恬和, 柔辭宛曲.
    平溪先生, 曾悅而定情. 未幾, 先生還京師, 姬於夜月朝花黯然
    銷魂, 自不覺衣帶之緩. 旣三年, 先生復至[25], 以續前緣, 伊日之
    夕, 悲哽宛轉, 有踰於前. 歲餘, 先生復歸, 留重來之約, 過期未
    至, 姬爲訪先生信息, 過余舘所. 時諸姬與客彈棋抹牌, 談笑喧
    譁. 適語到先生, 姬便長吁數聲, 淚下承睫, 可知其鍾情也. 雖工
    歌曲而退讓, 未嘗自處以能歌也. 舞劍[26]器, 冠絶洱上, 見其高樓
    罷舞, 獨立縹緲, 有驚鴻欲擧之意.

    ◎ 爲平溪地, 多有曲護之筆.

11. 竹香, 竹葉弟也. 余見其畵竹有致, 又竹葉盛稱其弟才色雙絶,
    余恨未得見也. 道遇長慶門外, 姬紅裙翠衫, 結束翩翩, 細馬驕
    嘶, 香塵暗起, 見客滾下馬[27], 英妙動人.

    ◎ 滾下馬三字, 竹香生氣, 獵獵紙上.

---

23 灩이 저본에는 艶으로 되어 있으나 삼산본과 심전본을 따라 수정했다.
24 室이 삼산본과 심전본에는 堂으로 되어 있다.
25 至가 삼산본과 심전본에는 臨으로 되어 있다.
26 劍이 삼산본에는 글자가 빠져 있고 심전본에는 冠으로 되어 있는데 모두 오류이다.
27 馬가 삼산본과 심전본에는 鞍으로 되어 있다.

12. 眞紅, 字原香[28], 號含薰. 豊頰曲眉, 寶靨承權[29], 柔情婉態, 溢於言笑. 見其午睡纔罷, 淺暈生春, 若不勝其嬌嫩. 素壁掛古人聯書一對, 几上置書畫譜數函, 爇萬壽[30]香, 澹粧閑坐, 捌管寫蘭, 花葉婀娜, 人[31]與之俱芳.

◎ 六朝金粉, 化爲三唐雅韻, 不枉消頭陀一詩.

13. 鳳兮, 掃盡脂粉態, 軒然有丈夫氣.

◎ 此慶姬當遜一籌.

14. 彩鳳, 明窓淨几, 圖書位置, 不染一塵, 言笑澹雅.

◎ 聞眞紅·小眉之風者.

15. 蘭蕙歌舞, 少年諸妓, 皆以爲莫能及. 嘗見姬著金貂半臂, 馳冰牀於江上, 以遨以嬉, 風韻動人.

◎ 滑琉璃上, 現出紅玉人, 安得不令瞞老人注目?

16. 次鷰, 樂籍世家, 沈詳不煩, 無句欄輕薄之態, 有閨門靜女主饋治産之象. 其家居衣麤食糲, 自奉淡泊, 而見人饑寒, 極意施捨, 解衣推食, 略無難色.

◎ 女孟嘗.

---

28 香이 삼산본과 심전본에는 春으로 되어 있다.
29 權이 삼산본과 심전본에는 臒으로 되어 있으나 오류이다. 權은 여기서 顴의 뜻이다.
30 壽의 다음에 삼산본과 심전본에는 宮이 첨가되어 있다.
31 人이 삼산본과 심전본에는 빠져 있다.

녹파잡기

17. 晚紅, 寫蘭竹有法, 余邂逅於鏡波樓. 時斜日半窺, 暮煙凝紫. 姬
憑欄長吁, 悼光陰之如暮景焉.

　◎ 牛山落照, 本自傷人.

18. 蘭任, 儀靜體閒, 雖名門淑媛, 無以加之. 女伴問曰: "姊年近二
毛, 何自孤居?" 姬歎曰: "人生如隙駟朝露. 吾旣不生閨閣, 效靜
女從一之義, 則安肯鬱鬱傷春埋沒平生耶! 但閱人多矣, 無可意
人, 故有所待耳. 如遇愜素心者, 雖貧如原憲, 當委身事之矣."

　◎ 何如, 方可爲意中人, 試一叩之.

19. 瀛洲仙, 纖蛾穠頤, 淡言微笑. 春日憑欄, 悄然遐眺, 若有所思焉.

　◎ 寫情在有意無意間, 活畫也.

20. 初艷, 容貌韶雅, 善歌舞, 寫蘭竹, 舊籍有名妓也. 方其盛也, 擊
節碎篦, 飜酒汚裙, 身厭綺羅, 口飫珍羞. 一朝從良, 夫家貧, 裙
布釵荊, 躬操井臼, 終無懊恨云. 金孔玉[32], 文士也. 爲余道其詳,
恨不及見未從良時也.

　◎ 英雄結局, 本自如是. 不如是, 烏江一刎而已.

21. 慶姬, 丰采不甚過人, 談笑有態.

　◎ 談笑間隱約之態, 有時勝於丰采

32　玉이 저본에는 王으로 되어 있으나 삼산본과 심전본을 따라 수정했다.

22. 明愛, 字若蘭[33]. 其送人詩曰: ‘去去平安去, 長長萬里長.’ 當時
   以才貌名於洱上, 門塡車馬, 堂咽絲管[34], 而一朝落籍從良, 居安
   陵村舍, 期以終老. 其志可尙也.
   ◎ 此句非不佳, 但送千萬人, 皆可也.
   ◎ 英雄結局[35]

23. 一枝紅, 眸炯晨星, 眉淡春山. 剛介不俗, 聰穎絶倫. 自《食譜》·
   《茶經》, 至圍棊抹牌, 無不臻妙. 嘗歎曰: “妾之流落樂籍, 命也. 性
   不能屈志降人, 浮沈流輩, 如見人倚門之態, 自不覺心寒色沮. 苟
   非吾心之所適, 雖以籯金斛珠, 日來相誘[36], 寧可以撓吾情[37]哉!”
   ◎ 爲我傳語一枝紅! 素志誠奇矣, 然籯金斛珠, 却之亦難矣.
     充子之志, 恐蚓而後可耳[38].

24. 香雲, 容貌莊麗. 余嘗願聞一奏雅闋, 姬婉辭謝其未工也.

25. 天玉, 遠山微波, 凝澹可愛. 余訪於朱雀橋, 見姬强談笑而有愁
   色, 余戲曰: “豈姬有離情耶?” 姬未及對, 有客曰: “子何知人心
   曲[39]如是神耶?” 姬爲之解顔.

---

33 蘭이 저본에는 闌으로 되어 있으나 삼산본과 심전본을 따라 수정했다.
34 管이 삼산본과 심전본에는 竹으로 되어 있다.
35 局은 저본에는 句로 되어 있으나 내용상 83쪽의 초염에 대한 미평과 똑같이 "英雄結局"이 적합
   하므로 局으로 수정했다.
36 誘가 삼산본과 심전본에는 訪으로 되어 있다.
37 情이 삼산본과 심전본에는 志로 되어 있다.
38 耳가 삼산본에는 也로 되어 있다.

◎ 不如是, 何足爲漭老人[40]?

26. 丹香[41], 眄睞聰點, 清歌妙舞, 亦一名姬也. 前遊洛陽[42]·崧陽間, 芳名藉甚. 余至浿上, 三往而三値出, 惆悵而歸[43]. 一日偶相逢於 清流壁下, 擧手數語, 約以月明夜諧遊鍊光·浮碧間, 悤悤分袂.

27. 車玉, 皓姿軒然, 辭采豪俠, 誦竹枝詞, 效西水院唱-原注: 浿上 詠詩聲-歌喉寥喨, 聽之神揚. 余在東標樓前舘所, 天陰欲雪, 惻 惻風寒, 羈愁縈懷. 聊以登樓, 循至東水口古城下. 姬方病臥, 初 接席, 貌端語莊. 旣而酒闌鍾鳴, 繼之以燭. 姬掃盡圭角, 跌宕談 笑, 忽斂容曰:"妾曾從[44]李學士入京, 曳羅縠於華堂繡幃之間, 極富貴之歡, 復歸鄉閭, 作此墻花路柳態[45], 人生豈不悲哉." 愀 然久之.
   ◎ 英雄旣不結局, 而敗局大失着發歎, 何其晚也? 鴨兒終戀水
     耳.

28. 碧桃紅, 貌恭儀靜, 談吐溫敏. 天賦自然, 不作媚態. 誦〈七月

---

39 曲 자 다음에 삼산본과 심전본에는 事 자가 더 들어 있다.
40 人 자 다음에 삼산본에는 也가 더 들어 있다.
41 香이 삼산본에는 陽으로 되어 있다.
42 洛陽이 삼산본과 심전본에는 京洛으로 되어 있다.
43 歸가 삼산본에는 出로 되어 있는데 오자이다.
44 從이 삼산본과 심전본에는 以로 되어 있다. 아마도 從의 옛 글자인 从을 잘못 필사한 것으로 보
    인다. 다른 곳에서도 거듭 같은 오류가 나온다.
45 態가 저본에는 없으나 삼산본과 심전본을 따라 첨가했다.

篇〉·〈滕王閣序〉·〈赤壁賦〉, 韻折可聽.

◎ 居然作諸生.

29. 瓊貝, 初名錦仙, 風姿韶雅. 十歲能歌, 如雛鸚語. 輕身起舞, 徊
翔自喜, 顧謂樂師曰:"吾舞中節否?"十三自奮曰:"吾鄉雖一大
都會, 苟不廣耳目, 終歸於野, 安能壓倒一世耶?"乃與其兄入京
城, 縱觀一時名姬, 摹得梨園新飜諸曲. 歷入崧陽, 與風流韻士,
登天磨, 窺朴淵, 以壯心眼. 歸而歌舞大進, 聲名甚藉. 余昔見姬
綠鬢鬖鬖, 幼年擧止已具大家貌樣. 後再遇於綵霞山莊賞花之
會, 鳳翔鴻驚, 儼成殊姿. 今又來訪, 則已作巡按相公專房寵姬
矣. 間一造門, 則昔之數間茅茨, 已作渠渠廈屋[46], 文窓繡屏, 琴
床書几, 齋整雅潔. 比[47]余初見, 五年之間, 改觀有[48]如是矣.

◎ 十歲已昂藏, 形容[49]不凡.

◎ 歌舞安得不大進, 擧止言語衣服制度, 亦必大進.

30. 浿城春, 弱年姣好, 如芙蓉始發, 芳芬之氣, 籠罩一座. 余訪於篋
子纏洞, 時[50]夜月明, 搴簾而入, 姬凝眸端坐, 高雲不動. 少焉絲管
交轟, 清歌繞梁. 伊日席上, 有崔元卿歌[51], 洪漢祚腰鼓, 金子烈

---

46 已作渠渠廈屋이 삼산본과 심전본에는 已成渠屋으로 되어 있다.
47 比가 저본에는 此로 되어 있는데 삼산본과 심전본을 따라 수정했다.
48 有가 삼산본과 심전본에는 者로 되어 있다.
49 삼산본에는 形容 앞에 두 글자가 더 있는 것으로 보이나 확인할 수 없다.
50 時가 심전본에는 歲로 되어 있는데 오자이다.
51 歌가 심전본에는 빠져 있다.

笛, 朴乙丑洞簫, 金昌烈琴, 皆以聲律擅名關西者, 極一時之選也.
◎ 宛似《板橋雜記》一段.

31. 雲霧仙, 天然娟秀, 敏於抹牌, 乍經眼, 知全局成敗.
◎ 乖覺

32. 花月, 初名寶貝, 初接, 莊色不可犯. 旣而微波乍轉, 可以通辭.
年少才慧, 歌舞俱絶. 嘗春月正明, 姬手搴細簾, 延月入戶, 悄然
若不勝情, 見余喜甚曰: "月白風淸, 如此良夜何?" 因偕登大同
城樓, 長街如砥, 江光鋪練. 姬拔[52]鬢邊銀釵, 鼓欄作歌, 歌聲纍
纍如貫珠, 飄落半天, 沙鷗驚翔, 行雲不流. 有童子名范者, 善吹
洞簫, 命作淸上細葉. 姬復歌而[53]和之. 時更漏已殘, 萬籟俱寂,
獨有城根斷岸, 泊一孤舟, 中有皓首漁翁, 夜深不寐, 起舞婆娑焉.
◎ 寫得如畫.
◎ 滿老人是夜殊不寂寞.
◎ 如元人畫本, 寄託荒寒.
◎ 大同江上漁父, 乃能如此, 京江漁父解不得也.

33. 蘭英, 綽約有[54]不群之態. 性好奇玩, 余有乳石, 嵌空透漏, 姬自
來懇求, 再三不倦, 可知其殊癖也.

---

52 拔이 저본에는 發로 되어 있는데 삼산본과 심전본을 따라 수정했다.
53 而가 삼산본과 심전본에는 以로 되어 있다.
54 有가 삼산본과 심전본에는 綽約 앞에 있다.

◎ 乳石何關於舞鸞鏡臺睡鴨香爐? 美人不可有此別癖.

34. 輕燕, 桃花暈面, 艷冶超群, 霞裳輕揚, 雲鬢嵯峨. 美麗之色, 軟
嫩之語, 自令人憐惜. 嘗見踞胡床, 使一男子結襪, 意氣自如有[55]
貴介風.

◎ 王謝家子弟, 縱復不[56]端正, 自有一種風氣.

35. 佩玉, 貌如冷蘂, 淡然呈色. 輕軀竦立, 纖腰約素, 內蘊孤特, 有
不屑流輩之意. 其假母偏愎, 又貪麴[57]蘗, 苛責姬, 無虛日. 姬曲
意承奉, 然終至迫逐出門, 盡掠其首飾妝奩, 姬隻影無所於歸.
居歲餘, 姬之屋宇屏帳, 首飾妝奩, 煥然一新矣. 人或短其母, 姬
爲之辨, 終無怨色.[58]

◎ 冷蘂之評, 已具有至誠孝女本色.

◎ 在家時曲意承奉, 或可易, 出門後無怨色, 爲尤難.

36. 花心[59], 天然無修飾之態. 其母布裙纔掩脛, 而尙爲客謀酒款接.
自言: "家貧, 不能使女自拔於眾中. 譬如名花始發, 春寒勒住,
峻茂難期." 仍咨嗟久之.

---

55 有가 삼산본에는 빠져 있다.
56 復不이 삼산본에는 不復로 되어 있다.
57 麴이 심전본에는 麺으로 되어 있는데 오자이다.
58 110쪽 패옥 내용 전체가 삼산본에는 누락되어 있다.
59 心이 심전본에는 然으로 되어 있는데 오자이다.

◎ 謀酒款客, 是[60]一種舐犢之心.

37. 三鸞, 韶顏勃越, 意氣驕逸, 謔浪笑傲, 如綺紈子弟.
   ◎ 三鸞又寫得別於輕燕, 同一驕貴, 不可一例[61]看.

38. 金枝玉, 低鬟斂霧, 細腰迎風, 秀容澹澹, 不言不笑, 如畫中人. 余嘗步月長街, 經其戶, 聞絲管啁啾, 因風飄揚, 眞是'綠窓朱戶笙歌咽'也.
   ◎ 長街步月, 有勝於綠窓朱戶裏面人.

39. 鳳樓月, 嫣[62]然一笑, 倩兮生媚, 眞佳人也. 余客舍無聊, 時作抹牌戲, 姬亦時時來會, 終日輪局, 無愧色. 或得采, 不甚動容, 可知襟懷之坦[63]然矣.

40. 香玉, 藹藹如春. 一種蘭麝氣, 自來薰人.

41. 明珠, 歌飄梁塵, 舞捷林燕. 亦旣嬌[64]冶, 又何翩翩. 妙年擅譽, 才色雙絕. 余嘗於寅舘, 冬夜肅淸, 朗月垂光, 邀姬鼓鐵琴. 纖

---

60 是가 삼산본에는 빠져 있다. 이 밖에 삼산본에는 36칙에 "花○之○常作心"의 평이 더 달려 있다.
61 一例가 삼산본에는 同으로 되어 있다.
62 嫣이 저본에는 언(鴈)으로 되어 있는데 삼산본과 심전본을 따라 수정했다.
63 坦이 삼산본과 심전본에는 怛로 되어 있다.
64 嬌가 저본에는 驕로 되어 있는데 삼산본과 심전본을 따라 수정했다.

蔥[65]往來, 香撥丁東, 如跳珠濺沫, 颯散巖谷間.

◎ 冬夜肅清, 朗月垂光, 無異古人成語. 偏襯於鐵琴, 甚妙.

42. 菊姬, 英姬弟, 號澹香館. 曄曄如花, 溫溫如[66]玉.

◎ 却之如香玉之靄靄如春四字.

43. 翠蘭, 肌[67]映寒玉, 指削纖蔥, 體不勝衣. 澹無物欲[68], 如妝奩玩好, 人爭趨之, 姬獨斂手, 人或以利誘, 姬必婉辭斥退, 盖天性然也.

◎ 又一鳳樓月

44. 春心, 粉腮[69]盈盈, 皓齒朗然. 含意顧笑, 綽有韶[70]致.

◎ 含意顧笑, 非寫貌, 卽寫態. 然貌見於態中, 又一喜任.

45. 楚雲, 本隷德川樂籍, 大山先生曾見而悅焉. 姬年十五, 尙未破瓜, 大山臨別贈詩曰:'名花嬌艶晚胚胎[71], 一夜東風苦未開. 自恨芳春[72]尋太早, 那期他日必[73]重來. 光陰冉冉難相待, 蜂蝶[74]紛

---

65 蔥이 심전본에는 빠져 있다.
66 如가 삼산본과 심전본에는 似로 되어 있다.
67 肌가 삼산본에는 肥로 되어 있다.
68 欲이 삼산본에는 慾으로 되어 있다.
69 腮가 저본에는 緦로 되어 있는데 오자이다. 삼산본과 심전본을 따라 수정했다.
70 韶가 심전본에는 韻으로 되어 있다.
71 《大山詩抄》에는 이 구절이 名花蓓蕾本遲哉로 되어 있다.
72 春이 삼산본에는 草로 되어 있다.
73 必이 삼산본에는 又로 되어 있다.
74 蝶이 심전본에는 빠져 있다.

紛肯護回. 況是桃源迷去路, 誰將羯鼓及時催.' 姬自後閉門謝
客, 擬訪大山, 而爲家人所沮[75], 以是悒悒. 聞大山來寓箕城, 挺
身訴官, 自願移屬. 及見大山, 懷中出[76]前詩, 紙欲生毛. 大山嘉
之, 寵以專房.

46. 菊心, 肌[77]理酥融, 性醇眞, 有大羹玄酒之味. 能歌舞.
　　◎ 味無味之味, 字或有之. 然男子何以動? 試答我一轉語.

47. 楚娣, 一名楚雲, 字朝香, 丰姿朗慧, 眄睞的皪. 年甫十一, 隨少
尹巡堞之遊. 時新雨泥淖, 姬[78]尖鞋窄, 蓮瓣刺苦, 倚城站[79]立,
罔知攸爲. 有一垂髫小童, 過而問焉. 姬以實對, 童子卽脫青絲
鞋贈姬, 自跣足而去[80]. 及[81]暮, 姬還家, 手[82]自什襲鞋, 訪童子姓
名, 識而藏之. 其母問其故, 對曰: "今日之行, 非此鞋, 無以趁期,
期不及, 獲罪於官非細. 彼素不相識, 而周人之急如此. 其爲人
可知. 吾雖幼稚, 以處女身受人鞋, 一穿吾脚, 非但義氣不可忘,
亦關女行之莫可渝. 他日結緣, 其在是乎!" 姬以幼年, 其志如此,
眞可人也. 小童名怪不, 年九歲云.

75　沮가 삼산본에는 阻로 되어 있다.
76　出이 심전본에는 及으로 되어 있는데 오자이다.
77　肌가 삼산본에는 肥로 되어 있다.
78　姬가 삼산본에는 빠져 있다.
79　站이 삼산본과 심전본에는 堞으로 되어 있다.
80　去가 삼산본에는 빠져 있다.
81　及 앞에 삼산본에는 未가 첨가되어 있다.
82　手가 심전본에는 빠져 있다.

◎ 千古奇話.

◎ 封錄青絲鞋, 楚娣爲人可知. 奇矣奇矣!

◎ 一經漊老人筆, 九歲怪不, 千古不朽.

48. 凌烟, 蘭芳玉潤, 明霞暈臉. 見其雜坐粉黛, 超超玄著.

49. 碧桃, 眉目媚秀, 酬對敏給. 爲熙川守所寵, 守喜聽其〈諸葛歌〉
一闋. 余要姬歌之, 姬笑曰: "此曲豈可[83]人人聽耶?" 一座大哄.

◎ 爲熙川武守唱, 已可憎[84], 況可搶白漊老人耶! 卽尤可憎.

50. 輕雲, 輕燕同母弟. 似不及兄繁麗, 而澹秀過之.

◎ 一門何以得兩輕燕, 堪持贈人.

51. 福喜, 儀容端麗, 歌音嫋嫋[85], 有靜女風.

52. 最蘭, 風致秀朗, 辭氣瑰軼. 呼盧抹牌, 無不精敏. 余於歇[86]節,
與客至狹斜小樓, 聽三鶯歌. 姬時新寡, 隱簾度曲, 手出欄角. 見
其玉葱, 可了全體也.

◎ 漊老人, 見其手而想其人, 我則覽斯文而想其手.

---

83 可 다음에 삼산본과 심전본에는 以가 들어 있다.
84 憎이 저본에는 增으로 되어 있는데 삼산본을 따라 수정했다.
85 嫋嫋이 심전본에는 裊裊로 되어 있다.
86 歇이 삼산본에는 歌로 되어 있는데 오자이다.

53. 彩雲, 腰支恰恰, 如春楊柳. 年幾及笄, 尙爾垂髫.

54. 弄玉, 娟秀澹雅, 人如其貌. 所居洞房幽潔, 日與曲師簫客, 評習
聲律, 綽有殊致.
　　◎ 評習聲律, 是美人喫緊工夫.

55. 妙香, 飾容生態, 流眄句情, 凝歌緩舞, 殢⁸⁷雲尤雨.
　　◎ 與含意顧笑同一筆法, 句闡本色.

56. 一枝色, 所居臨江小樓, 在新水口古城下. 余舟過樓下, 見翠瓦
緗簾, 倒影滄波. 誰家紅袖, 倚在欄曲. 同舟諸姬, 擧扇遙指曰:
"此, 某姬之居也."
　　◎ 宛似長板橋邊人.

57. 錦香, 鬢雲肌雪, 窈窕纖弱, 嬌笑嫩語. 淸歌妙舞, 不待修飾⁸⁸,
已自撩人.
　　◎ 錦香又生色.

58. 眞香, 澹澹梳掠, 斜倚金屛. 斂笑凝眸, 不覺嬋娟動人.
　　◎ 眞香亦不費多辭, 足⁸⁹以上人.

87　殢가 저본에는 滯로 되어 있는데 삼산본과 심전본을 따라 수정했다.
88　修飾이 삼산본에는 飾己로 되어 있다.
89　足 앞에 삼산본에는 而가 첨가되어 있다.

59. 一枝紅, 本江東樂籍, 美麗凝靜, 儼有大家規模. 年纔十一, 自願移屬洱上, 學歌舞, 其志可見也.
◎ 滿老人德性, 必獎詡後進.

60. 楚姬, 雙瞳瑩[90]珠, 兩頰凝脂. 蕙質尚幼, 令韶已著.
◎ 又獎詡後進.

61. 玉枝, 秋波入鬢, 小眉彎月. 擧止姚倩, 沾沾自喜.
◎ 天生句闌輕薄兒.

62. 楚玉, 頎而瘦, 腰枝不滿搦, 見其畫堂庭畔, 顧影徘徊, 若不勝情焉.
◎ 見人於所未可見處, 可謂具眼.

63. 仙香, 不加薌澤, 竟體芬芳.
◎ 可人

64. 瓊玉, 年過二毛, 尚未修飾. 余自浮碧樓, 循城而下, 見一佳人, 雲鬓[91]峨峨, 蓮步翩翩, 或相先後, 卽瓊玉也. 問諸同遊, 其家不遠, 因相携入室, 坐語移日. 自言: "閉門謝客, 亦已有年, 回憶當時, 如一夢境, 而尚在欲醒未醒間, 年少風情, 遽未可忘也."

---

90 瞳瑩이 삼산본에는 瞳映으로 되어 있다.
91 鬓가 삼산본과 심전본에는 髻로 되어 있는데 오자이다.

◎ 旣致仕而不能忘世者, 從古何限.

◎ 欲醒未醒, 全是未醒之言, 春夢尙酣耶!

65. 降仙, 花月假母也, 以色藝噪名往時. 余嘗訪花月, 姬自中閨, 手辦茗醪, 待客. 時時窺覘, 粉臉姣服, 隱映簾間, 風情[92]尙自未衰.
   ◎ 未能忘情, 是其[93]本色, 恨不携往[94]大同門樓, 與皓首漁父, 遙作一雙舞隊.

66. 明雲, 亦往日盛名之人. 余再遊西京, 獨未見焉. 今聞爲灣上大賈所擁, 構華屋, 飾珠貝. 從[95]此, 尤未易見也.
   ◎ 方可謂之大結局, 然不如初艶·明愛之其歸也潔.

綠波雜記 卷之二

蕅花老人 著

1. 曹光振, 號訥人, 居含毹門內, 訥於言而敏於藝. 其分隷勁古, 行書師法東坡, 而又有劉石庵·張水屋二家法意. 指隷尤擅勝, 鴨水以東, 得未曾有. 今快哉亭扁, 卽其指隷, 華使見之, 大驚, 以爲

---

92 風情이 저본에는 누락되어 있는데 삼산본과 심전본을 따라 채워 넣었다.
93 其가 저본에는 與로 되어 있는데 삼산본을 따라 수정했다.
94 往이 저본에는 누락되어 있는데 삼산본을 따라 채워 넣었다.
95 從이 삼산본에는 以로 되어 있는데 오자이다.

東國有此奇才乎, 要一見之. 人[96]或諉以遠出千里外. 華使悵歎而去. 訥人年老家貧, 以翰墨自娛. 其所書楹聯楣額, 往往在靑樓酒肆間, 都人未之奇也. 洛下大夫士, 過是都者, 見其書法, 大加賞譽. 由是, 訥人之名, 重於浿上, 求書者, 日以塡門. 余從[97]訥人, 得見其大人誌先墓文一篇. 文章爾雅, 有典有則, 始知其翰墨有淵源矣.

◎ 快哉亭扁, 有碎之者, 又有重刻而揭之者. 重刻而揭之之後, 遂無碎之者. 世間有憐[98]才之心者, 甚於才難.

2. 洪山柱, 號萬丈, 居含毬門內靑石橋下, 風流韻士也. 余至箕城, 自閭巷小年, 至靑樓諸姬, 莫不稱萬丈之名. 余以不識面爲恨. 近得與邊狂士狎遊, 古詞伯邊濟遺孫. 酗酒傲世, 眞狂士也. 與萬丈有雅, 爲余邀致之. 揖甫罷, 剪燭劇談如宿契. 道其平生跌宕事, 歎居然老大, 謝絶狹斜之遊, 鬢絲茶烟, 贏得薄倖之名也. 其別人詩曰: '出門悄延佇, 雲外斷鴻聲. 如何曾別處, 人去更留情.'[99] 嘗作〈傷春歌〉·〈江湖別曲〉·〈斷腸詞〉, 播在浿上. 又有〈六香詞〉, 爲名姬六人而作, 如顏延年之〈五君詠〉也. 諸姬之黜於[100]山柱者, 競以爲恨. 其誦詩聲, 徐緩凄淸, 蓋其所製蝴蝶唱, 古之洛生詠

---

96 人이 심전본에는 빠져 있다.
97 從이 삼산본과 심전본에는 以로 되어 있는데 오자이다.
98 憐이 삼산본에는 矜으로 되어 있다.
99 《풍요삼선》 권6과 《대동시선》 권8에 홍산주의 시가 〈헤어지는 이에게 주다(贈別)〉라는 제목으로 실려 있다. 작자 소개란에는 그의 자를 밝히지 못하고, 호가 만장이며 평양 사람이라 밝혀놓았다. 《녹파잡기》에서 작품을 뽑은 듯하다. 제4구는 "人去但留情"으로 되어 있다.
100 於가 삼산본과 심전본에는 빠져 있다.

194 녹파잡기

也.

◎ 眞是'歌詞自作風格老'者也. 雲外斷鴻聲一句, 使協宮商, 一臠
　全鼎, 已在於是, 何待六香諸詞曲?

3. 安一箇, 古風流士也. 余至浿上, 問於都人曰, "西京佳麗, 比之
　錢塘·金陵, 亦豈有豪士, 可以躡張子野·唐子畏之後者乎?"曰:
　"有安一箇者, 當時名姬七八人, 約各選其會心情人, 合宴於永明
　寺. 及其會也, 諸姬畢集, 所携者, 惟安一箇一人[101]而已. 都人至
　今艶稱之." 或過其舊居, 有詩曰, '古郭東頭寂寞村, 寒鴉喊斷月
　黃昏. 當時未了風流債, 歸作嬋娟洞裏魂.' 嬋娟洞, 卽葬妓處也.

4. 尹瞎[102]者, 善洞簫, 隨口而吹, 自然中節. 如古今歌曲, 莫不臻[103]
　其精妙. 又效百鳥聲, 一座爲之絶倒. 旣而作[104]寡婦哭, 哀怨凄
　絶, 至令人墮淚. 往來於崧陽·浿城間, 競相邀致, 殆無虛日. 皆
　以瞎者笳音之稀爲恨.
　◎ 阮嗣宗窮途哭, 尹瞎亦能否乎?

5. 崔艶兒, 落拓, 往來狹斜, 以爲性命. 晨起, 歷往諸姬家, 灑掃室
　堂, 位置器玩, 日以爲常. 非名姬不往, 故視艶兒所在, 而妓聲價

101　安一箇一人이 저본에는 安一人으로, 심전본에는 安一箇로 되어 있다. 삼산본을 따라 수정했
　　다.

102　尹瞎이 삼산본에는 君瞎로 되어 있다.

103　臻이 저본에는 盡으로 되어 있는데 삼산본과 심전본을 따라 수정했다.

104　作이 삼산본과 심전본에는 빠져 있다.

爲之輕重. 善作驢鳴, 張口吘吘作聲, 衆驢和鳴於一喉中, 亦絶技
也. 爲人忠實痴駿, 嘗得千錢, 埋曠野而藏之. 時見頭上有片雲,
以雲爲識. 後往埋錢處, 仰視天上無雲, 竟失其處, 歎息而歸.
◎ 艶兒自是奇人.

綠波雜記題辭

人生只合西京死, 鍋子銷金是此鄕[105]. 句裏笙歌千古咽, 綠窓朱戶鄭
知常.[106]
板橋記後綠波記, 余澹心今藕老人. 更比[107]澹心君又勝, 盡情摹寫太
平春.
玉貌氷紈見妙齡, 藕花吟舫篆烟靑. 風懷老去悽[108]惶甚, 腸斷江南柳
敬亭.
歸臥溪山寂寞齋, 楊州烟月尙縈懷. 卷中多少風流話, 只有靑絲怪不
鞋.[109]

---

105 鄕이 저본과 삼산본에 卿으로 되어 있으나 오자이다. 《경수당전고》(한국문집총간 291집. 이
　　하 《전고》로 줄여 쓴다)를 따라 수정했다.

106 《전고》에는 "高麗鄭司諫西京絶句曰: '綠窓朱戶笙歌咽, 盡是梨園弟子家.'"란 주석이 달려 있다.

107 比가 《전고》에는 此로 되어 있으나 오자이다.

108 悽가 《전고》에는 悕로 되어 있다.

109 《전고》에는 "綠波記云: '楚娣年甫十一, 赴少尹召. 新雨泥淖, 姬鞵穿脚苦, 站立路傍. 一小童過而
　　見之, 爲脫靑絲鞵, 自跣足而去. 楚娣暮還, 封錄鞵藏之曰: 吾以處子身, 受人物, 有關女行. 異日
　　結緣, 其在是乎! 小童名怪不, 年九歲云.'"이란 주석이 달려 있다.

點點靑山江抹坤, 長堤草色黯消魂. 君何不及於形勝, 生長明妃尙有村.

毫歌墨舞換淸彈, 舊院家家漸改觀. 盡化六朝金粉氣, 眞紅竹石小眉蘭.[110]

不見訥人三十年, 指頭怪底出雲烟. 酒家壁上多名跡, 分隷飢來當酒錢.[111]

練光浮碧浪陶平, 始盡西京萬丈名. 可是去年離別處. 餘情欲繫斷鴻聲.[112]

北禪院掃落葉頭陀

題綠波雜記

綠波雜記記紅帬, 味外酸鹹見外薰. 枯木死灰今世上, 問君何事作斯文.

絳雪 題

---

110 《전고》에는 "眞紅·小眉, 二妓名."이란 주석이 달려 있다. 오세창(吳世昌)의 《근역서화징(槿域書畵徵)》(계명구락부, 1928) 215쪽에 진홍과 소미를 서화가로 올리고 그 근거로 이 시를 실었다.

111 오세창의 위의 책 214쪽에 이 시가 실려 있고, 《비연상초(斐然箱抄)》에 실린 〈조눌인묘지(曹訥人墓誌)〉의 뒷부분에도 이 시가 인용되었다. 거기에서는 1구의 無가 難으로, 2구의 掌大가 雄傑로 되어 있다.

112 《전고》에는 "洪山柱, 別字萬丈. 其〈六香圖〉·〈傷春歌〉·〈江潮別曲〉·〈斷腸詞〉諸作, 播在浿上. 又有詩曰: '出門悄延竚, 雲外斷鴻聲. 如何曾別處, 人去更留情.'"이란 주석이 달려 있다.

영인본

綠波雜記序

美人遲暮靈均唱騷長門逍遙相如賣賦好賢誰能易色令人翺翔

才子未免有情板橋著書余懷之窮愁可見屏風摸畫周

昉之妙墨猶傳憶杜司勳之已亡紫雲誰問王百穀之終

老湘蘭何歸南部教坊烟花蕭瑟東山舊遊絲竹寂寥勝

跡斯淪風流奚屬不圖並世廼見先生則下第之劉蕡行娼女稿逸高韓起

歌之原憲沉冥苦海跌宕歡場文若春華評工月朝倦遊

湞上有撰綠波雜記蓋援例於潘氏曲中志而濫觴於秦

淮士女表者也若夫綠波名區青樓洞府見江漢之遺俗

徵大堤之古詞湖上莫愁渡頭桃葉荊門生長明妃峨媚

幻出文君紛拘珉枵江皋信銷金之鍋子清歌妙舞無非

絕世窈窕之人綠浪紅闌自是千年繁華之地廿四畫橋

明月十二金釵芳辰浣紗處處學薴青翰人人繡被易安

簾外秋瘦黃花蘸小門前春深楊柳金砌烏龍獨睡珉樑

紫燕雙飛合歡植青棠相思結紅豆世業笙囊笛譜家聲

蠶首蛾眉高髻學楚宮之新粧羅襪效揚妃之遺制奢雲

灞水橋邊酒一杯

2

艷雨四季恒春壁月瓊枝一時絶唱於是周郎顧曲刺史

斷腸雪水烹茶陶學士之清賞鞋盃行酒楊廣夫之恣歡

朝隔夏侯之簾夜薦陳王之枕輕寒半臂終歲邀頭或歎

綠葉之成陰或賦雲英之未嫁琵琶怨商婦天涯易濕青

衫綵蘿托英雄今日難逢紅拂芳草縈骨醉三尺嬋娟之

斜丹字題名鶴千仞清流之壁是以離邦者樂而忘返賦

別者黯然消魂而至於鮐背賣漿之翁與夫犢臭滌器之

子亦皆平康舊俠張緒當年此風氣之所闢歟抑地靈之

所效歟嗟夫先生以悲秋之情託懷春之想婆娑乎檀板

絃詩之席馳騁乎簪花梭書之場形管一枝嚴於筆削黃

絹千首讓茲簡編洵是風雅不刊之書足為香艷不朽之

計付雙荷葉扙掌浮一大白讀之可也

癸巳小春月鷗船李尚迪序

蓮花老人　著

嶺南文遠夢筆摘

二

竹葉姿首豐盈風流融冶談吐如豪士歌曲冠絕當世姬
嘗病腳擁衾臥見余披帷起整衣裳促進鹽洗自言秋來
入京都遊宴甲第芳樹間與兩院諸名姬流舟江漢見山
川映發樓觀飛驚知京師之壯麗還松陽登滿月臺見故
宮為堤禾黍滿目慨然不覺淚下恨行色怱怱不及見天
磨朴淵諸勝也因與余證期來春遊香山藥山間噓唏日

妾年已二十有四矣一朝從良受犬夫束縛則安得遂吾

平生也當於春秋佳日選勝攜琴縱意遊衍迨此未艾時興彈絲臨御水橋

耳

玄玉燁然揚華炯炯精朗傅沙諸妓妙解聲律姿性敏溫

如見酒人亂流方言稱浮浪叫吸奪席則姬曲為之解且

豪富寒乞一視欵接皆得其歡心余前到箕城城中少年

相逢者必稱姬之名然時值姬往成都未得一見以是為

恨越五年余再遊到此始遇於浿江舟中時逢間諸姬皆

艶粧姣服鬭妍爭媚姬獨略掃淡蛾斂然退坐一見可知

其為玄娘也少焉管絃既陳姬徐起就座離朱唇發清商

調高響逸真是郢曲一奏和者無人矣是日歡宴抵暮而

罷翌日余入三十六洞天逤旬而返與二三詞客訪姬於

五城觀<small>名</small>娼室姬巫命灑掃松壇鋪笛簟於石榴花下援琴

晚花自道也非謂五月榴花照眼明

奏流水之曲曲終促進壺觴酒數巡分韻賦詩姬先吟一

溺水福浥酒一杯

句曰羣賢來意屬晚花其綺腸穎發非特聲律而已也

今江州司馬濕盡青衫吞

翠蓮頗肥碩而舞劍捷如輕燕今已老當壚於練光亭前

街

英姬字小眉號雙喜舘靜端拙溫雅聰敏人㳠如菊才

美於錦雞工於歌舞歛若無所能焉性喜畫蘭瘦葉踈花

筆墨秀潤深造古人筆意所居緗簾棐几陳設器玩書畫

盡日焚香端坐經其戶寂若無人亦後來之翹秀也

吳蟾歌喉圓囀朗唱眸子炯然言笑開靜有閨閤間風趣

余作數夕遊席上必有簫琴

風流流露　羅蟾瑰姿艷逸傲志自喜爲有俏俊者雖破衣帽一夕定
過去筆

善調病

情如其倀夫齪齪雖百排不顧也有一少年取其指環而
作褻語姬即奪環以如意碎之正色切責之蓋其激仰如
此向余遇之於蒙陽子男山下草堂春酒沉沉纖歌嫋嫋
倐已十餘春秋矣而今来訪姬已謝客從其弟問評噠唶
為之一歎

香任善歌舞以才色籍名見其病卧錦屏逶迤藥鐺狼籍
然歌琴日陳於前可知秋娘老去風情不裹

纖孃羅蜂弟也余與數客訪姬於鏡波樓下姬於燈前孤

9

坐微波瀲瀲霧鬢低翠與燈光交艷邀余入坐酬對婉捷

移時分袂出門月色皎如霜雪徘徊數武間忽見姬送客

憑闌誦東坡前赤壁賦及東人竹枝詞數闋響如一縷香

烟裊裊不絕余不覺神揚遽入門環坐梅花樹下姬更洗

不唱黃河
遠上詞而
盞一客戲曰看姬首傳此杯可定旗亭甲乙姬微笑竟舒

足以千古
蕩美人色
藕腕低聲勸余一座捧腹

無刀護疽
斑痕邪蒲
繡愛工歌舞雙眸艷如秋水然而有痘斑痕以傳世樂籍

老人君是
具眼庚
自持頰高不輕見客諸年少以此短之此實姬之所長也

10

喜任骖伴香室蛾眉曼睩綠鬢紅顏性情恬和葉辭宛曲

平溪先生嘗㳙而定情未幾先生還京師姬於夜月朝花

黯然銷魂自不覺衣帶之緩既三年先生復至以續前緣

伊日之夕悲噱宛轉有踰於前歲餘先生後歸留重来之

約過期未至姬為訪先生信息過余館所時諸姬與客彈

棋抹牌談笑喧譁適語到先生姬便長吁數聲淚下承睫

可知其鍾情也雖工歌曲而退讓未嘗自詫以能歌也舞

翩翾冠絕湞上見其高樓罷舞獨立縹緲有驚鴻欲舉之

意

竹香竹葉第也余見其畫竹有致又竹葉盛稱其第才色

滾下馬三
字竹香生
氣機機紙
上

雙絕余恨未得見也道遇長慶門外姬紅裙翠衫結束麗

翩細馬驕嘶香塵暗起見客滾下馬英妙動人

真紅字原香鬌合薰豐頰曲眉寶靨承權柔情婉態溢於

言笑見其午睡繞罷淺暈生春若不勝其嬌嫩素壁掛古

六朝金粉
化為三唐
雅韻不柾
消頭陀一
詩

人聯書一對八上置書畫譜數函藝萬壽香澶粧開坐擁

管寫蘭花葉婀娜人與之俱芳

12

鳳兮掃盡脂粉態軒然有丈夫氣

彩鳳明窗淨几圖書位置不染一塵言笑澹雅

蘭蕙歌舞少年諸妓皆以為莫能及嘗見姬著金貂半臂

馳水床於江上以遨以嬉風韻動人

次鶯樂籍世家泆詳不煩無勾欄輕薄之態有閨門靜女

主饋治產之象其家居衣麤食糯自奉澹泊而見人饑寒

極意施捨解衣推食略無難色

晚紅寫蘭竹有法余邂逅於鏡波樓時斜日半窺暮烟凝

此慶姬當壓一籌

聞真紅小眉之風者

滃瑶上現出紅無人安得不令滿老人注目

二十四橋明月夜

女丞嘗

斗山落照本自傷人

13

紫姬憑闌長吁悼光陰之如暮景焉

蘭任儀静體閒雖名門淑媛無以過之女伴問曰姊年近

二毛何自孤居姬嘆曰人生如隙駟朝露吾既不生閨閤

效静女從一之義則安肯鬱鬱傷春埋没平生耶但閱人

多矣無可意人故有所待耳如遇愜素心者雖貧如原憲

當委身事之矣

瀛洲仙纖蛾穠題滄言微笑春日憑闌悄然遐眺若有所

思焉

眞情在有意無意間活畫也

何如方何爲意中人試一叩之

14

英雄結局
本自如是
不如是烏
江二列而
已

繫節碎篋醶酒污裙身厭綺羅口猒珍羞一朝從良夫家

貧裙布釵荊躬操井臼終無懊恨云金孔玉文士也為余

談笑間隱約
之態有時勝
於舉手來

道其詳恨不及見未從良時也

慶姬年未不甚過人談笑有態

此句非不佳
促送千万人
皆佳也

明愛字若闌其送人詩曰去去平安去長長萬里長當時

永遠無柳未圖禍

以才貌名於涅上門填車馬堂咽絲管而一朝落籍從良

英雄結句

居安陵村舍期以終老其志可尚也

初艷容貌韶雅善歌舞嗚蘭竹舊籍有名妓也方其盛也為余

15

一枝紅眸炯晨星看簷春山剛介不俗聰頴絕倫自食譜

茶經至圍棋抹牌無不臻妙嘗嘆曰妾之流落樂籍命也

性不能屈志降人浮沉流輩如見人倚門之態自不覺心

寒色沮苟非吾心之所適雖以籠金斛珠日来相誘寧可

以撓吾情哉

香雲容額莊麗余嘗顧聞一奏雅閱姬婉辭謝其未工也

天王遠山微波凝潺可愛余訪於朱雀橋見姬強談笑而

有愁色余戲曰豈姬有離情耶姬未及對有客曰子何知

為我傳語
一枝紅素
志誠奇矣
於篋願金斛
珠卻之雖
失充子志
恐鋤而後
可耳

不如是何
足為萬老
人

人心曲如是神耶姬為解顏

丹香眄睞聰點清歌妙舞亦一名姬也前遊洛陽嵩陽間

芳名藉甚余至泗上三往西三值出惆悵而歸一日偶相

逢於清流壁下舉手數語約以月明夜偕遊棟光浮碧間

匆匆分袂

車玉皓娑軒然醆來豪俠誦竹枝詞效西水院唱泗上詠

歌喉寥喨聽之神揚余在東標樓前館听天陰欲雪惻惻

風寒轡愁縈懷聊以登樓徇至東水口古城下姬方病卧

英雄既不
結局高敗
同大失着
晚發鴨冗其
終戀水耳

17

初接席貌端語莊飲而酒闌鍾鳴繼之以燭姬掃盡圭角

跌宕談笑忽斂容曰妾曾從李學士入京曳羅縠於華堂

繡幃之間極富貴之歡後歸鄉閭作此牆花路柳人生豈

二十四橋明月夜
不悲哉懍然久之

碧桃紅頰恭儀靜談吐溫敏天賦自然不作媚態誦七月

篇勝王閣序赤壁賦韻折可聽

十歲已异藏形瘵不
凡
瓊貝初名錦仙風姿韶雅十歲能歌如雛鶯語輕身起舞

徊翔自喜顧謂樂師曰吾舞中節否十三自奮曰吾鄉雛

一大都會苟不廣耳目終歸扵野安能壓倒一世耶乃與

其兄入京城縱觀一時名姬暮得梨園新翻諸曲歴入松

陽與風流韻士登天磨窺科淵以壯心眼歸而歌舞大進

歌舞安得
不天進舉
告言語衣
服制度亦
必大進

聲名甚籍余昔見姬綠髫鬖髿幼年舉止已具大家貌樣

後再遇扵綠霞山莊賞花之會鳳翔鴻驚儼成殊姿今又

来訪則已作迸按相公專房寵姬矣間一造門則昔之數

間芳茨巳作渠渠廈屋文窓繡屏琴床書几齊整雅潔此

余初見五年之間改觀有如是矣

淇城春弱年姣好如芙蓉始發芳芬之氣籠罩一座余訪

於篦子塵洞時夜月明寨簾而入姬凝眸端坐高雲不動

宛似板橋
二十四橋明月夜
必焉絲管交轟清歌繞梁伊日席上有崔元卿歌洪漢祚

腰鼓金子烈笛朴乙丑洞簫金昌烈琴皆以聲律擅名闌

西者極一時之選也

雲霧仙天然娟秀敏於抹牌乍經眼知全局成敗

花月初名寶月初接荘色如不可犯既而微波乍轉可以

垂覺

寫得如畫
通辭年少才慧歌舞俱絕當春月正明姬手寨緗簾延月

萬老人是夜殊寂寞寬

入戶悄然若不勝情見余喜甚曰月白風清如此良夜何

如兄畫本寄記寬寒江漁父解不得

欄作歌歌聲嫋嫋如貫珠飄落半天沙鷗驚翔行雲不流

因偕同大同城樓長街如砥江光鋪練姬發髻邊銀釵皷

大同江漁父乃能如此京

有童子名范者善吹洞簫命作清上細葉姬後歌而和之

時更漏已殘萬籟俱寂獨有城根斷崖泊一孤舟中有皓

首漁翁夜深不寐起舞婆娑焉

君若開花舞鴛鴦珤珊瑚鴨香爐炙炙不可如此別解

蘭英綽約有不羣之態性好奇骰余有乳石嵌空透漏姬

自来懇求再三不倦可知其殊癖也

王謝家子弟縱復不端正自有一種風氣

冷齋之評已具有至識孝女本色

在家時曲意承奉成可其出門後照怨色為尤難

輕燕栖花暈面艷冶趙犀霞裳輕揚雲鬢嵯峨美麗之色

軟嫩之語自令人憐惜當見踞胡床使一男子結襪意氣

自如有貴介風

佩玉貌如冷蘂淡然呈色輕軀竦立纖腰約素內蘊孤特

有不屑流輩之意其餒母偏懷又貪麬蘖苛責姬無虛日

姬曲意承奉然至迫逐出門盡掠其首餙妝奩姬隻影

無所於歸居歲餘姬之屋宇屏帳首餙妝奩煥然一新矣

人或短其母姬為之辨終無怨色

花心天然無修飾之態其母布裙縰掩脛而尚為客謀酒

謀酒欵客是一種祗憤之心

欵接自言家貧不能使女自拔於眾中譬如名花始發春

萬邊西湖月塢橋

寒勒住峻茂難期仍咨嗟久之

三鶯韶顏發越意氣驕逸龍浪笑傲如綺紈子弟

盞鶯又鳴浮別於輕燕圆驕貴不可一例看

金枝玉低鬖歛霧細腰迎風秀容澹澹不言不笑如畫中

長街步月窻朱户東有勝於綠

人余嘗步月長街經其户聞絲管啁啾因風飄揚真是綠

窻朱户東

窻朱户笙歌咽也

鳳樓月膈然一笑倩兮生媚真佳人也余客舍無聊時作

23

抹牌戲姬亦時時來會終日輸局無愧色或得采不甚動

容可知襟懷之坦然矣

冬夜肅清朗月垂光無異古人咸語偏襯於鐵琴甚炒

香玉藹藹如春一種蘭麝氣自來薰人

明珠歌飄梁塵舞捷林燕亦既驕冶又何翩翩炒年擅譽

才色雙絕余嘗於寓館冬夜肅清朗月垂光邀姬敲鐵琴

纖蔥往來香撥丁東如踠珠濺沫颯散巖谷間

叙之如香玉之藹藹如春四字

菊姬英姬弟鬎淡香舘曄曄如花温温如玉

翠蘭肌映寒玉指削纖蔥體不勝衣潜無物欲如妝奩玩

24

又鳳樓月

含意顧笑
非鳳雜卸區
態然線見乎
態中又一喜
任

好人爭趨之姬獨歆手人或以利誘姬必婉辭斥退蓋天

性然也

春心粉緫盈盈皓齒朗然含意顧笑綽有韵致

楚雲本隸德川樂籍大山先生曾見而悅焉姬年十五尚

未破瓜大山臨別贈詩曰名花嬌艷晚胚胎一夜東風苦

未開自恨芳春尋太早那期他日必重来光陰苒苒難相

待蜂蝶紛紛肯護回况是桃源迷去路誰將羯鼓及時催

姬自後閉門謝客擬訪大山而為家人所沮以是悒悒聞

味味之味子戒
有□試男子何
以動訴我可
一酹諼

辛古奇話

封鑷青絲單
楚妍為人可
知奇矣奇矣

童子姓名識而藏之其母問其故對曰今日之行非此鞋

脫青絲鞋贈姫自跣足而去及暮姫還家手自什襲鞋誂

立罔知攸為有一垂髻小童過而問焉姫以實對童子即

少尹巡堞之遊時新雨泥淖姫尖鞋窄蓮瓣刺若倚城站

楚妍一名楚雲字朝香丰姿朗慧眸眛的皪年甫十一隨

菊心肌理酥融性醇真有大美玄酒之味能歌舞

詩紙欲生毛大山嘉之罷以專房

大山来寓箕城挺身訴官自願移屬及見大山懷中出前

26

無以趣期期不及獲罪於官非細彼素不相識而周人之

急如此其為人可知吾雖幼稚以慶女身受人鞠一穿吾

脚非但義氣不可忘亦關女行之莫可渝他日結緣其在

一經漁老人筆九歲惟不千古不朽

是乎姬以幼年其志如此真可人也小童名惟不年九歲

云

曾過西姐月端僑

凌烟蘭芳玉潤明霞暈臉見其雜坐粉黛超超玄著

為熙川武守唱吾時增況可憎自為老人即太可憎

碧梔眉目媚秀酬對敏給為熙川守所罷守喜聽其諸蔦

歌一闋余要姬歌之姬笑曰此曲豈可人人聽耶一座大

哄

輕雲輕燕同母弟似不及兄繁麗而澹秀過之

福喜儀容端麗歌音嫵媚有靜女風

最蘭風致秀朗辭氣瑰軼呼盧抹牌無不精敏余於歌節

與客至狹斜小樓聽三鶯歌姬時新寡隱簾度曲手出欄

角見其玉蔥可了全體也

彩雲腰支恰恰如春楊柳年幾及笄尚爾垂髫

弄玉媚秀澹雅人如其貌昕居洞房幽潔日與曲師簫客

滿老人見其手而想其人
我卿覽斯文而想其手

評曰鶯行
是美人襲鬟
玉天

28

評胃聲律緯有殊致

與含意廳笑同筆法勾閣本色
妙香餘容生態流盼句情凝歌緩舞滯雲尤雨

宛似長板橋邊人
一枝色所居臨江小樓在新水口古城下余舟過樓下見

翠尾緗簾倒影滄波誰家紅袖倚在闌曲同舟諸姬舉扇

遙指曰此某姬之居也

錦香又生色已自撩人
錦香鬟雲肌雪窈窕纖弱嬌笑嫩語清歌妙舞不待修餙

真香乖不覺多辯足似上人
真香澹澹梳掠斜倚金屏歛笑凝眸不覺嬋娟動人

29

一枝紅本江東樂籍美麗凝靜儼有大家規模年纔十二

自顧移屬湏上學歌舞其志可見也

楚姬雙瞳瑩珠兩頰凝脂蕙質尚幼令韶已著

玉枝秋波入鬢小眉彎月舉止恍倩沾沾自喜

楚玉顧而瘦腰肢不滿掬見其畫堂庭畔顧影徘徊若不

勝情焉

仙香不加蘭澤竟體芬芳

瓊玉年過二毛尚未修飾余自浮碧樓循城而下見一佳

蘸羌人德性必與頗頡進

又婪訥後進

天生句閒　轉薄兒

見人於栗　可見慶可　閒具眼

可人

既致仕而不　能忘世著從　古何限

30

人雲鬟峨峨蓮步翩翩或相先後即瓊玉也問諸同遊其

欲醒未醒全

家不遠因相攜入室坐語移日自言閉門謝客亦已有年

是未醒之言
寿夢尚耶

回憶當時如一夢境而尚在欲醒未醒間年少風情邊未

可忘也

降仙花月假母也以色藝噪名往時余嘗訪花月姬自中

未能忘情是
與本色恨未撥

閨手辦茗醪待客時時闚覘粉臉姣服隱映簾間尚自未

大同門樓與皓
首湲父皇作一
雙舞孃

裏

明雲亦往日盛名之人余再遊西京獨未見焉今聞為灣

方可謂大家局
然不如初豔明
愛芳非妹也潔

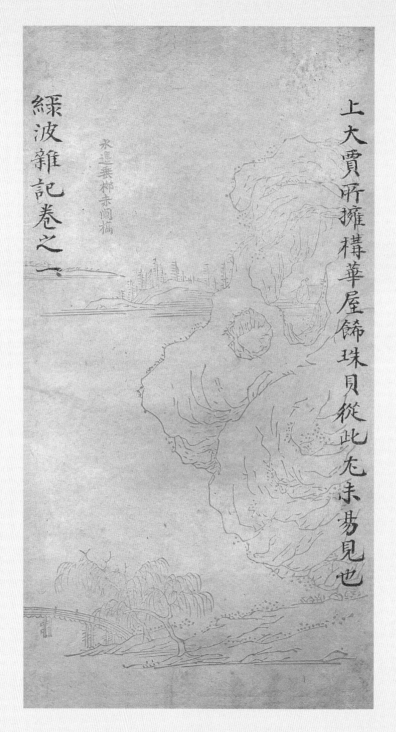

上大賈所擁構華屋飾珠貝從此左未易見也

綠波雜記卷之一

永進無榊未闖稿

博水橋西六號附

蓮花老人 著

林某亭扁有
砕之者又有
重刻而揭者
重刻而揭之後
逐無砕之者世
間有惜才之心
者甚於才難

曹光振謌訥人居合毬門内訥於言而敏於藝其分隸勁

古行書師法東坡而又有劉石菴張水屋二家法意指隸

无擅勝鴨水以東得未曾有今快哉亭扁即其指隸華使

見之大驚以為東國有此奇才乎要一見之人武諼以遠

出千里外華使悵歎而去訥人年老家貧以翰墨自誤其

所書楹聯楣額往往在青樓酒肆間都人末之奇也洛下

大夫士過是都者見其書法大加賞譽由是訥人之名重
扵溴上求書者日以填門余従訥人得見其大人誌先墓
文一篇文章爾雅有典有則始知其翰墨有淵源矣
洪山柱舞万丈居含毬門内青石橋下風流韻士也余至
箕城自閭巷少年至青樓諸姬莫不稱万丈之名余以不
識面為恨近得與邊狂士狎遊古詞伯邊濟遺孫酣酒傲
世真狂士也與万丈有雅為余邀致之揖甫罷剪燭劇談
如宿契道其平生跌宕事歎居然老大謝絕俠斜之遊髯

真是歌詞
自作風格矣
者也雲外斷
鴻聲有便惱
官高齋全
鼎已在於是
何待六香諸
詞曲

綠茶烟赢得薄倖之名也其別人詩曰出門惆悵延佇雲外

斷鴻聲如何曾別處人去更留情當作傷春歌江湖別曲

玉麈隨馬度藍橋

斷腸詞播在涓上又有六香詞為名姬六人而作如顏延

之五君詠也諸姬之黠於山柱者競以為恨其誦詩聲徐

緩凄清益其所製蝴蝶唱古之洛生詠也

安一個古風流士也余至涓上問於都人曰西京佳麗比

之錢塘金陵亦豈有豪士可以攝張子野唐子畏之後者

予曰有安一個者當時名姬七八人約各選其會心情人

合宴扵永明寺及其會也諸姬畢集所携者惟妾一人而

已都人至今艷稱之或過其舊居有詩曰古郭東頭寂寞

村寒鴉噭斷月黄昏當時未了風流債歸作嬋娟洞裏魂

嬋娟洞即葵妓處也

尹晤者善洞簫随口而吹自然中節如古今歌曲莫不盡

其精妙又効百鳥聲一座為之絕倒旣而作寡婦哭哀怨

凄絕至令人墮淚往来扵宏陽溟城間競相邀致殆無虚

日皆以晤者節音之稀為恨

咸陽橋上雨如絲

崔艷兒落拓往來狹斜以為性命晨起歷仕諸姬家灑掃

艷兒自是室堂位置器玩日以為常非名姬不往故視艷兒所在而

妓聲價為之輕重善作驢鳴張口呼呼作聲眾驢和鳴於

一喉中亦絕技也為人忠實痴駿當得千錢埋曠野而藏

之時見頭上有尼雲以雲為識後往埋錢處仰視天上無

雲竟失其處嘆息而歸

綠波雜記卷之二

綠波雜記題辭

人生只合西京死鋦子銷金是此卿句裏笙歌千古咽綠窗朱

戶鄭知常

板橋記後綠波記余滄心今藕老人更比滄心君又勝盡情摹

寫太平春

玉貌氷紈見妙齡藕花吟舫篆煙青風懷老去悽惶甚腸斷江 潮水橋邊酒一杯

南柳敬亭

歸卧谿山寂寞齋楊州烟月尚縈懷卷中多少風流語只有青

38

綠怖不鞭

點點青山津江赫紳長堤草色黯鎖魂君何不及於形勝生長明

妃尚有村

毫歌墨舞換清彈舊院家家漸改觀盡化六朝金粉氣真紅竹

石小眉蘭

不見訥人三十年指頭怖底出雲烟酒家壁上多名跡分隸飢

来當酒錢

練光浮碧浪陶平始盡西京萬丈名可是去年離別廣餘情欲

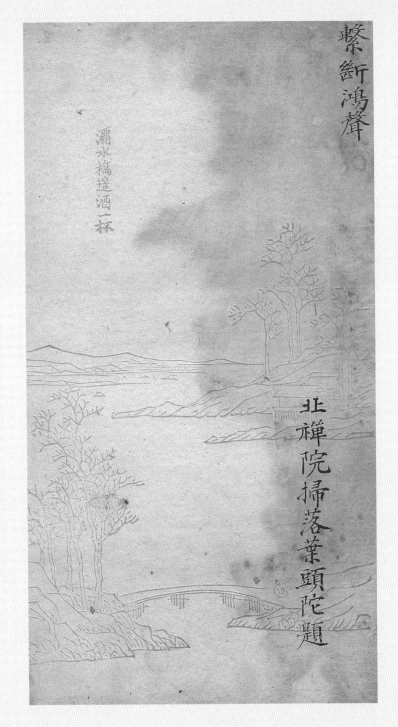

繫斷鴻聲

灞水橋邊酒一杯

北禪院掃落葉頭陀題

40

녹파잡기

조선 문화예술계 최고의 스타, 평양 기생 66명을 인터뷰하다

한재락 지음
신위 비평
안대회 옮김

1판 1쇄 발행일 2017년 11월 20일

발행인 | 김학원
편집주간 | 김민기 황서현
기획 | 문성환 박상경 임은선 김보희 최윤영 전두현 최인영 이보람 김진주 정민애 이효온
디자인 | 김태형 유주현 구현석 박인규 한예슬
마케팅 | 이한주 김창규 김한밀 윤민영 김규빈
저자·독자서비스 | 조다영 윤경희 이현주(humanist@humanistbooks.com)
조판 | 홍영사
용지 | 화인페이퍼
인쇄 | 청아문화사
제본 | 정민문화사

발행처 | (주) 휴머니스트 출판그룹
출판등록 | 제313-2007-000007호(2007년 1월 5일)
주소 | (03991) 서울시 마포구 동교로23길 76(연남동)
전화 | 02-335-4422 팩스 | 02-334-3427
홈페이지 | www.humanistbooks.com

ⓒ 안대회, 2017
ISBN 979-11-6080-091-3 03900

* 이 도서의 국립중앙도서관 출판예정도서목록(CIP)은 서지정보유통지원시스템 홈페이지(http://seoji. nl.go.kr)와 국가자료공동목록시스템(http://www.nl.go.kr/kolisnet)에서 이용하실 수 있습니다.(CIP제어번호: CIP2017027621)

만든 사람들

편집주간 | 황서현
기획 | 이효온(lho2001@humanistbooks.com) 박상경 전두현
편집 | 임미영
디자인 | 한예슬